山东社会科学院出版资助项目

新时代我国企业"走出去"的金融支持研究

王韧 著

中国社会科学出版社

图书在版编目(CIP)数据

新时代我国企业"走出去"的金融支持研究 / 王韧著 . —北京：中国社会科学出版社，2019.10（2020.6 重印）

ISBN 978-7-5203-4989-5

Ⅰ.①新…　Ⅱ.①王…　Ⅲ.①企业—跨国兼并—金融支持—研究—中国　Ⅳ.①F279.247

中国版本图书馆 CIP 数据核字（2019）第 200598 号

出 版 人	赵剑英
责任编辑	冯春凤
责任校对	张爱华
责任印制	张雪娇

出　　　版	中国社会科学出版社
社　　　址	北京鼓楼西大街甲 158 号
邮　　　编	100720
网　　　址	http：// www. csspw. cn
发 行 部	010 - 84083685
门 市 部	010 - 84029450
经　　　销	新华书店及其他书店

印　　　刷	北京君升印刷有限公司
装　　　订	廊坊市广阳区广增装订厂
版　　　次	2019 年 10 月第 1 版
印　　　次	2020 年 6 月第 2 次印刷

开　　　本	710×1000　1/16
印　　　张	11.75
插　　　页	2
字　　　数	198 千字
定　　　价	68.00 元

凡购买中国社会科学出版社图书,如有质量问题请与本社营销中心联系调换
电话:010 - 84083683

摘　　要

　　跨国并购是我国企业"走出去"的重要方式之一，而企业跨国并购离不开金融行业的支持，发挥金融行业关键作用，重塑金融体系与实体经济之间的良性循环，助推企业"走出去"已经成为一个重要的研究课题。基于企业跨国并购的现状与特点，本书以鲁、苏、浙三省为例对企业跨国并购金融支持的绩效进行了分析，并在此基础上研究了企业跨国并购金融支持的影响因素，进而提出相关的政策建议来深化金融行业对企业跨国并购的支持作用。

　　针对本书的研究对象，简要回顾了国内外跨国并购与金融支持的相关理论，并基于内生金融理论和乘数效应的双重视角分析了企业跨国并购金融支持的机理、金融支持企业跨国并购的传导机制和路径分析，从而为后文的实证研究奠定了理论基础。

　　在对企业跨国并购及金融支持现状了解的基础上，本书采用分类DEA模型和Metafrontier – SFA模型对企业跨国并购金融支持的绩效进行了测度分析，从2005—2014年可统计的鲁、苏、浙三省257个跨国并购案例中选取了101家企业作为样本企业，并运用TFAHP模型对样本企业金融支持度进行划分，采用两种不同的分析方法对样本企业绩效进行对比评价，通过模型测算及对比分析得出如下结果：企业跨国并购绩效值与金融支持度有显著的正向相关关系，且政策性金融支持的效果要优于商业银行支持、非银行金融机构支持。另外，企业跨国并购的绩效与并购方式、资金规模有一定关联,股权收购的效果要优于现金收购方式,并购交易金额越大企业在并购后期的绩效增速越快。

为了进一步研究企业跨国并购金融支持的影响因素,本书采用结构方程模型(SEM)对各影响因素进行了实证分析,其中将影响因素划分为金融机构内部因素和社会环境因素两个维度,金融支持能力划分为金融机构支持能力、金融产品创新能力、金融制度支持能力。通过问卷调查的形式采集了样本数据,并运用克朗巴哈系数法进行数据信度检验、探索性因子分析和验证性因子分析对问卷调查的结构、数据进行修正。在此基础上对建立的结构方程模型进行反复修正和检验,对各因素间的相关性、影响路径系数、拟合优度指标进行测算,最终得出以下结果:金融机构内部因素和社会环境因素均为企业跨国并购金融支持水平的影响因素,并且两者对金融支持能力都有正向的显著影响,其中社会环境因素对金融支持能力的影响效果更为显著。

结合绩效测算、实证分析的结果,并充分借鉴国外发达国家跨国并购金融支持的成功经验,从宏观和微观两个层面提出了针对企业跨国并购金融支持的政策建议,宏观层面包括:一是完善金融支持体系,加强跨国并购平台建设;二是创新金融供给路径,拓宽企业融资渠道;三是培育专业人才队伍,破解跨国并购瓶颈。微观层面包括:一是转变并购服务方式,推进金融产品创新;二是警惕企业杠杆收购,防范各类并购风险;三是完善并购保险种类,增强保险支持力度。

目　录

第一章　导论

第一节　研究背景及意义

一　研究背景

长期以来，"引进来"和"走出去"一直是我国改革开放所坚持的两大基本路径，随着 2001 年中国加入世界贸易组织和 2002 年党的十六大将企业"走出去"上升为国家战略，越来越多的中国企业开始寻求海外投资，但这一阶段的海外投资更多的是被赋予"国家战略"的标签，热情高涨但却屡屡碰壁，尤其在企业跨国并购层面经历了挫折与失败。2008 年美国爆发金融海啸后，随着海外市场资产的大量蒸发，中国企业海外投资的结构也逐步发生了转变，由于中国企业在国际市场上的品牌价值影响力不足，大多数企业将并购作为"走出去"的首选。2012 年党的十八大报告明确提出，加快企业"走出去"步伐，增强企业国际化经营能力，培育一批世界水平的跨国公司；2014 年 12 月 24 日国务院常务会议重点部署加大金融支持企业"走出去"的力度，标志着中国企业将迎来"走出去"的黄金期，同时跨国并购作为企业"走出去"的重要途径近年来也日趋活跃，而对企业"走出去"的支持也从被动担保转向平台支持。从 2014 年开始，企业"走出去"的国际化浪潮已经和"一带一路"建设紧密契合在一起；2015 年中国大陆企业跨国并购交易数量为 382 笔，交易金额达到 10579 亿元；2016 年中国大陆企业跨国并购交易数量为 580 笔，交易金额达到 20106 亿元，创下历史新高。值得一提的是，2010 年之前的并购主体往往是大型央企、国企，而近年来民营企业在海外并购过程中表现抢眼，国企的并购速度有所放缓，实现了国资、民资齐头并进的局面。

党的十九大提出，要坚持引进来和走出去并重，推动形成全面开放新格局。在新时代背景下，企业如何更高质量的"走出去"成为一个新的研究课题。

与此同时，企业"走出去"过程中的参与机构也出现了些新变化，早期主要以政策性金融机构为主，参与方式多为被动担保、融资贷款。[①] 随着商业银行多元化业务的发展，国有银行和部分股份制商业银行也成为支持企业"走出去"的重要金融机构，同时提供了更有针对性的国外投资服务，近年来保险公司、私募股权基金、风险资本与财务投资者也参与到企业跨国并购中，逐步形成了政策性金融支持、商业银行支持和非银行金融机构支持的综合体系。[②]

纵观 21 世纪以来企业"走出去"的经历，各界的关注点已经从企业"走出去"的战略意义如何转变为如何更好地支持企业"走出去"，而就企业跨国并购金融支持而言，仍处于起步阶段，众多分散支持的金融机构并没有形成一个平台支持体系，金融支持对企业"走出去"产生的实际效果如何、未来如何更好地引导、规范金融机构支持企业跨国并购都是值得深入研究的问题。因此，本书通过深入剖析企业跨国并购金融支持的现状及存在的问题，通过 TFAHP 模型构建了企业跨国并购金融支持体系，以山东、江苏、浙江三个省份的跨国

---

① 郭杰、黄宝东：《储蓄、公司治理、金融结构与对外直接投资：基于跨国比较的实证研究》，《金融研究》2010 年第 2 期。

② 裴长洪、郑文：《国家特定优势：国际投资理论的补充解释》，《经济研究》2011 年第 11 期。

并购企业为样本，分别运用分类 DEA 模型和 Metafrontier – SFA 模型对金融支持样本企业跨国并购进行绩效分析，并运用结构方程模型（SEM）对企业跨国并购金融支持的影响进行实证分析，在充分了解国外成功的金融支持经验后，提出相关政策建议进而促进金融机构更好的支持中资企业"走出去"。

二　研究意义

（一）理论意义。本书的理论意义有两个方面：一方面是针对企业跨国并购金融支持的理论机制进行了研究，即通过内生金融理论和乘数效应论的双重视角来探究金融支持企业跨国并购的内在机理；另一方面对企业跨国并购金融支持体系的理论进行了研究，目前国内外大部分学者对于企业跨国并购金融支持的分析较为分散，缺少一个独立的分析框架和相对完成的理论体系。本书尝试逐步将企业跨国并购金融支持领域的分散、单一的分析过渡到系统、综合、完整的分析研究之中，并提出"金融支持度"的概念，即将企业跨国并购金融支持的概念进行量化，来完善企业跨国并购金融支持的相关理论，具有一定的理论意义。

（二）现实意义。首先，金融支持是企业"走出去"过程中的催化剂，通过现代金融手段为企业跨国并购提供金融支持，探索企业跨国并购与金融支持之间的协同机制，有助于企业更好的"走出去"；其次，通过构建企业跨国并购金融支持体系，对不同的金融支持方式对企业跨国并购的绩效进行分析，并对企业跨国并购金融支持的影响因素进行实证分析，为金融支持企业"走出去"以及金融业更好的服务实体经济提供有针对性的参考依据。最后，通过研究企业跨国并购金融支持的影响因素，可以更清楚判断金融机构内部因素、外部社会环境因素对金融支持水平的影响程度，因此，本书的研究对宏观经济决策有一定的指导意义，对金融机构和并购企业而言都具有一定的现实意义和参考价值。

第二节　研究思路、技术路线与研究方法

一　研究思路

本书从对企业跨国并购的现状分析入手，研究各金融支持要素及整个金融支持体系对企业跨国并购的作用机理，完善企业跨国并购金融支持体系的理论内涵，在参考相关领域的研究基础上，确定本书的研究思路如下：首先，对企业跨国并购和企业跨国并购金融支持的现状进行梳理与归纳，在研究金融支持相关理论体系的基础上，通过TFAHP方法构建企业跨国并购金融支持体系。其次，运用金融支持体系度量模型的结果，通过分类 DEA 模型和 Metafrontier – SFA 模型来分析鲁、苏、浙三省企业跨国并购金融支持的绩效，并对各金融支持要素进行分类甄别。在前文研究基础上，对企业跨国并购金融支持的影响因素运用 SEM 模型进一步实证分析，最后结合国外成功的金融支持经验，提出相关的政策建议。具体研究思路如下：

首先，通过研究相关文献及该领域内的相关资料来分析企业跨国并购及其金融支持的现状、存在的问题，提出本书研究的主线即构建企业跨国并购金融支持体系模型，进而对企业跨国并购金融支持的绩效进行评价，对其影响因素进行实证分析。在确定研究主线的基础上，理清文章的研究思路，确定研究方法与技术路线、基本框架，提出论文研究的主要内容、拟解决的关键问题、主要创新点。

其次，对企业跨国并购理论的研究进行梳理及评述，从金融发展与跨国并购、金融支持与跨国并购的角度对相关文献进行评述，包括政策性金融支持、商业银行支持、私募股权基金支持等，为后文的理论分析奠定基础；另外对研究过程中运用到的分析方法也进行了比较，为后文的实证分析奠定基础。为了更清晰地说明所研究问题，本

书还对企业跨国并购和金融支持的概念进行了界定，并对相关的理论基础进行了梳理，在此基础上从内生金融理论和乘数效用论的双重视角对金融支持企业跨国并购的机理进行分析，并对金融支持企业跨国并购的传导机制与路径进行了分析，为后文的实证分析奠定基础。

在理论分析的基础上，本书对企业跨国并购的现状进行分析，从并购主体、并购行业、并购区位等多个角度来探究；其次对山东企业跨国并购金融支持现状进行分析，从政策性金融支持现状、商业银行支持现状、非银行金融机构支持现状等多角度阐述。在此基础上，总结现状特点归纳出跨国并购金融支持中存在的问题。

再次，通过前文的理论分析和现状分析，本书运用 TFAHP 模型将"金融支持"这一模糊概念进行量化研究，通过构建企业跨国并购金融支持综合评价体系，对企业跨国并购过程中政策性金融支持、商业银行支持、非银行金融机构支持等多方面的金融支持方式进行测度，为后文企业跨国并购金融支持绩效分析提供有针对性的参考依据。根据测算的金融支持度的大小，对样本企业进行绩效评价，包括企业总体的跨国并购绩效分析，不同并购主体（国企和民企）、不同并购行业的绩效分析，不同金融支持强度的绩效分析，不同金融支持方式的绩效分析。本书的绩效分析采用了分类 DEA 模型和 Metafrontier – SFA 模型分别进行对比，即通过数据包络分析和随机前沿分析处理跨国并购金融支持的绩效问题，为后文政策建议提出依据。

在绩效分析之后，本书又采用了结构方程模型（SEM）对企业跨国并购金融支持的影响因素进行实证分析，首先对各影响因素进行了维度设计，通过问卷调查的形式进行数据获取，并通过 Cronbach's alpha 系数法、探索性因子分析法、验证性因子分析法对样本数据和问卷结构进行检验，在此基础上对金融机构内部因素、社会环境因素与金融支持水平因素间的相关性、路径系数、拟合优度进行检验，为后文政策建议提出依据。

在实证分析的基础上，本书选取了美国、日本、韩国三个国家为分析对象，对各个国家在政策性金融支持、商业银行支持、非银行金融机构支持方面的政策、特点、成功经验进行了总结梳理，通过横向对比分析的方式归纳三个国家在金融支持企业跨国并购方面的共同点，从而得出相关的有益启示。

最后，通过梳理全书的研究结果，从宏观和微观两个层面提出金融支持企业跨国并购的政策建议，并对下一步有待解决的问题进行深入探讨。

二　技术路线

本书采用了理论研究与实证研究的思路，运用 TFAHP 模型、分类 DEA 模型、Metafrontier – SFA 模型、SEM 模型等多种方法对研究内容进行分析，全文的具体技术路线如图 1 – 1 所示：

三　研究方法

（一）文献调查研究方法。本书以"跨国并购""金融支持""金融支持体系""cross – border M&A""financial support""financial support system"等为关键词，重点通过 Elsevier 全文期刊数据库、JSTOR 数据库、Emerald 全文期刊数据库以及国内中文数据库检索企业跨国并购金融支持的文献，在搜索文献过程中优先选取影响因子高的国内外文献、CSSCI 检索，一是对理论研究的文献进行梳理；二是对研究方法的文献进行梳理，从而有利于选择本书的理论和研究方法。通过文献调查研究方法确立了金融支持体系构建这一关键要素，进而归纳出企业跨国并购金融支持的研究现状，总结该领域的相关理论，奠定文章的理论基础。

（二）三角模糊层次分析、数据包络分析和随机前沿分析。针对跨国并购金融支持体系模型的构建、绩效分析主要采用定量研究，例

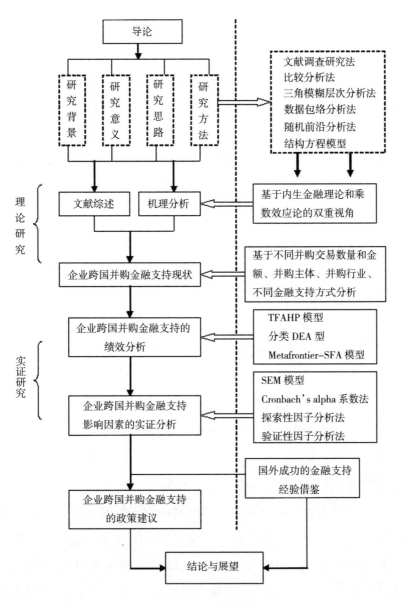

图 1 - 1　全书技术路线图

如采用了将三角模糊数（triangular fuzzy number）引入 Fuzzy - AHP 模型中，通过三角模糊层次分析法（TFAHP）构建跨国并购金融支持体系；绩效分析采用了分类 DEA 模型和 Metafrontier - SFA 模型进行对比分析。通过定性与定量研究相结合的方法既克服了定性分析的主观性,又避免了定量分析数据的空洞性,两者相互补充。

(三)比较分析法。本书在企业跨国并购金融支持绩效分析部分,分别采用数据包络分析和随机前沿分析方法进行比较分析,其中在金融支持分析中又针对不同金融支持方式(政策性金融支持、商业银行支持、非银行金融机构支持)进行了比较分析;在企业跨国并购金融支持的经验借鉴部分,选用美国、日本、韩国三个国家企业跨国并购金融支持的政策、特点、经验进行比较分析,得出相关的启示。

(四)结构方程模型。利用问卷调查获取的样本数据,通过结构方程模型检验相关变量因素间的关系,并通过对结构方程模型的反复修正对金融结构内部因素与社会环境因素对企业跨国并购金融支持的影响进行了检验。

第三节 拟解决关键问题与研究创新

一 拟解决关键问题

(一)金融支持企业跨国并购的机理分析。本书基于内生金融理论和乘数效应的双重视角来分析企业跨国并购金融支持的机理,理清金融支持对企业跨国并购的传导机制与路径。

(二)金融支持的量化问题。该问题即企业跨国并购金融支持体系的构建,针对"金融支持"这一模糊概念,本书通过划分三级指标运用三角模糊分析法(TFAHP模型),将三角模糊数(triangular fuzzy number)引入Fuzzy – AHP模型中,进而将金融支持进行量化研究。

(三)企业跨国并购金融支持的效率评价。本书运用Metafrontier – SFA模型和分类DEA模型对不同的金融支持方式(政策性金融支持、商业银行支持、非银行金融机构支持)的效率进行评价。

(四)企业跨国并购金融支持影响因素的实证分析。本书采用SEM模型对金融支持的影响因素进行检验,经过结构方程模型的反复修正来探究金融机构内部因素、社会环境因素对金融支持水平的影响程度。

二 研究创新

（一）探究了金融支持企业跨国并购的内在机理。本书在跨国并购、金融支持等相关理论的研究基础上，基于内生金融理论和乘数效应论的双重视角探究了金融支持作用企业跨国并购的内在机理，并对金融支持企业跨国并购的传导机制与路径进行了研究，充实了金融支持企业跨国并购相关理论内容。

（二）首次对企业跨国并购金融支持的影响因素进行量化分析。本书采用结构方程模型（SEM）对金融机构内部因素、社会环境因素对金融支持的影响进行实证分析，对其影响程度进行了测算，弥补了该领域的研究空白。

（三）构建了企业跨国并购金融支持体系的模型。本书在完善企业跨国并购金融支持的概念基础上，通过 TFAHP 模型构建了跨国并购金融支持体系，将三角模糊数（triangular fuzzy number）引入 Fuzzy – AHP 模型中，选取三级指标通过三角模糊层次分析法（TFAHP）对"金融支持"量化，解决已有研究中忽视或不能准确衡量跨国并购金融支持的问题。

（四）在研究方法上，本书基于前沿分析的方法，包括基于参数的随机前沿分析方法（Metafrontier – SFA）和半参数的数据包络分析方法（DEA），参数的随机前沿分析方法和非参数的数据包络分析各有优缺点，通过两种方法的运用能够弥补在计量分析中存在的不足，从而能够更为准确的得出结论。

第二章　文献综述

　　跨国并购的理论与金融支持的理论在各自理论领域的发展已经很多年，各自的理论体系也较为成熟，其中跨国并购理论是对外投资理论的重要版块，金融支持理论是金融发展理论的重要版块，但是对于跨国并购与金融支持的交叉领域研究却起步较晚，从目前现有的文献来看，国内外有关金融支持企业跨国并购的研究主要集中在两个方面：第一，从宏观层面上进行研究，分析金融发展与跨国并购之间的相关性；第二，从微观操作层面上进行研究，探讨政策性金融与商业性金融如何有效支持企业跨国并购。本章将对这些理论研究进行简要梳理与评述，为后文进一步的研究奠定理论基础。

第一节　跨国并购理论综述

一　跨国并购理论发展

　　国内外学者们在 20 世纪 90 年代以前对跨国并购问题的研究较少，研究基本上集中于对外直接投资方面，如海默最早在 20 世纪 60 年代提出了其代表性理论，基于跨国公司在对外直接投资过程中的垄断优势理论，后期金德尔伯格与其他学者进一步对垄断优势理论扩充和改良，对垄断优势理论中的企业核心优势进行了补充。弗农（Vernon R.，1966）是基于产品周期的角度阐释了企业对外直接投资中采用跨国并购这种形式的特殊优势，后来产品周期理论经过发展形成了新周期理论，新周期理论以跨国企业为研究对象，认为企业采用跨国并购的方式有效减少了产品周期。巴克利和卡森（Buckley & Casson，1998）从三种角度对企业跨境并购的选择模式进行了分析，认为跨境并购与绿地投资相比，跨国并购在市场成本方面具有优势，并以此建立了企业跨国并购模式的理论模型。邓宁（Dunning，1977）所提出的 OLI 模型涵盖了企业对外直接投资过程中多种决定性因素，但其中关于内部化因素的解释在跨国并购领域与现实情况有所出入，于是后期又将动态化因素引入模型之中，即将跨国并购、跨境合作等领域纳入理论分析中。小岛清（1978）认为对外直接投资应该按照从"劣"至"优"的产业顺序进行推进，即所谓的边际产业扩张理论。这些经济学家所提出的理论大多数集中在对外直接投资的选择、发展、决定因素等，而真正涉及跨国并购领域的定向理论研究还要到 20 世纪 90 年代才逐步形成规模。

从 20 世纪 90 年代后期开始，跨国并购的发展规模远远超过了绿地投资，几乎大部分的企业在对外直接投资过程中都采用了跨国并购的方式。国外大部分学者更多的是基于企业发展的角度来研究跨国并购的相关问题，主要研究领域集中在企业跨国并购的原因以及企业通过跨国并购给自身发展带来的效用。首先，多数学者对于企业跨国并购的原因研究从不同方面作出了解释，认为跨国并购的动因主要包括目标公司价值低估、获取财务协同效应、适应国际环境变迁、获取市场势力、获得规模经济性、传递或获取厂商优势，以及获取速度经济性阿齐兹（Aziz，2002）；布埃拉（Buera，2008）；乔治（George J.，2009）。其次，关于企业的并购效用研究往往集中在三个方面。第一个方面是通过跨国并购给股东带来的回报如何；第二个方面是在宏观领域通过跨国并购给社会经济带来的效应如何；第三个方面是通过跨国并购给企业自身的发展状况带来的效用如何。对于股东的收益与跨国并购之间的关系，布拉德利（Bradley，1988）认为跨国并购的股东权益效用是两方面的，一方面是对于目标企业而言，也就是被并购企业的股东权益效用，在成功的跨国并购案例中目标企业通过被并购使股东的权益得到大幅度提升，更值得注意的是在那些跨国并购不是很顺利的案例中，目标企业的股东权益也会有或多或少的提升；另一方面对于并购企业而言，跨国并购产生的股东权益效用并不如目标企业。布歇（Boucher，2008）认为目标企业和并购企业的股东权益效用存在很多不确定性因素，尤其是并购企业在并购后期的股东权益效用甚至会出现负增长，对比而言，目标企业的股东权益效用一般会维持较好的增长水平。关于宏观领域中跨国并购与社会经济效应之间的关系，汉斯（Haiss R.，2008）认为美国经济在 1970—1990 年的快速发展与当时的跨国并购浪潮有直接关系，企业的跨国并购活动对美国的科技创新有促进作用。沃德（Ward D.，1999）对美国经济水平与企业跨国并购之间的关系进行了量化分析，认为两者之间存在正相关关系，并且企业的跨国并购活动可以推动东道国的经济发展。关于企业跨国并购的绩效研究，赫尔普曼（Helpman，1992）指出通过跨国并购目标企业的绩效状况一般会得到改善，但并购企业的绩效在短期内会呈下降趋势。埃利克皮里尼（Elikplimi，2012）认为企业通过跨国并购可以改善公司绩效，但需要一段过渡期，往往良好的绩效需要在并购完成后 3—5 年才可以显现出来。郭杰、黄宝东（2010），常玉春（2011）通过对国有企业跨国并购的研究，认为国有企业的并购绩效增速较慢，绩效表现不如民营企业。

二　金融发展与跨国并购

在跨国并购的动因和效应研究之外，很多学者对影响跨国并购的决定因素进行了分析。有很多研究都涉及了金融发展对跨国并购的影响，而且这方面的研究主要是通过各种实证分析来论证跨国并购与金融发展之间的正向相关性，但较少涉及政策面分析和定性分析。如科斯和瓦斯康赛洛斯（Kish & Vasconcellos，1993）提出了金融要素的发展状况对发达国家（美国和日本）跨国并购的企业的影响。阿隆（Alon T.，2004）利用1975—1995年的面板数据，检验了FDI、金融市场和经济增长之间的各种联系，探讨了金融体系较发达的国家是否在利用FDI方面更有效率。伊万沙娜（Ivashina，2011）认为具有发达金融市场的国家会从FDI中获得显著利益，从而金融市场的发展会对一国的FDI有明显的促进作用。乔瓦尼（Giovanni，2005）用引力模型在宏观和国家的层面上研究金融对跨国并购的决定因素，他认为，有活力的股票市场会增加使用股权融资交易的可行性，而股票价格的反弹则会提振CEO进行跨国投资尤其是跨国并购的信心。阿伦（Allen R.，2006）的研究则发现金融深化与FDI之间存在显著的正相关关系，金融深化程度越高的国家，对外直接投资越发达。黄海荣和韩佑赫（Hea - Jung H. & Hyuk H. K.，2007）利用101个国家，1989—2005年17年的面板数据，对影响跨国并购的宏观经济因素进行了实证分析，结果表明，法律和制度因素及金融市场的发展会促进跨国并购的增加。延斯（Jens F.，2008）以股票市场的发展作为金融发展的代表，研究其与跨国并购的关系，结果发现，因金融市场自由化而引致的金融深化对跨国并购的活动的增加起着重要作用，同时监管改革（the regulatory reforms）有助于创建更好地体制结构（institutional structure），从而有助于市场的发展。雷宾和拉姆金森（Rabin H. & Ramkishen S. R.，2009）在其工作论文《亚洲发展中国家的中国并购——金融变量的作用》一文中，利用亚洲10个发展中国家1990—2006年的数据，对影响中国并购的一些金融变量进行了实证分析，结果发现，资金来源国M2/GDP的比例每上升1%，则对应着东道国中国并购2%的上升。霍克伯格（Hochberg，2010）认为资金来源（或资金的可得性）对跨国并购具有重要的影响；而一国实际汇率的上升则会阻碍跨国并购的发展马库森（Markusen，2000）；里卡多（Ricardo J.，2008）。此外，一些金融风险变量，如东道国市场风险（股票市场波动性）的增加，则会阻碍该国企业并购的发展（宋宝，2009；戴蕾、王非，2010）；总体而言，金融变量——流动性变量和风险变量，对亚洲发展中国家的跨国并购具有显著的影响（王伟、孙大超、杨娇辉，2013）。尼古拉斯、罗伯特和埃维特（Nicolas C.，Roberto A. & Aviat，2009）在其工作论文中，利用欧元区1985—2004年的数据，对欧元区货币融合过程中，金融发展对跨国并购的影响进行了分析，结果显示，金融深化是影响的跨国并购的重要变量。安格温（Angwin，2011）利用亚洲（包括中国及中国香港在内）9个发展中国家及地区的OFDI数据，对金融发展与跨国并购的关系进行了实证分析，他们的结论显示，在发展中国家企业跨国并购的过程中，银行部门的作用最明显，股票市场的重要性也开始显现：因为股票的发行和换股开始成为交易比较流行的支付方式；由于公司债券市场发展相对迟缓，其在支持跨国并购中所起的作用相对于公开债券市场（public bond market）较为有限。约书亚（Joshua A.，2012）在其论文"国内银行业的发展与非洲国家的跨国并购"一文中，用11个非洲国家1993—2008年的数据，对非洲国家银行业发展与跨国并购的关系进行了实证研究，结果发现，非洲国家银行业的发展显著促进了非洲的跨国并购业务。同时，克洛特（Cloodt，2011）指出跨国并购业务的发展也在一定程度上促进了本国银行业的发展，总体而言，非洲国家银行业的发展与跨国并购之间存在着双向的促进关系。科雷亚（Correa R.，2012）则指出国内金融市场的深化程度直接影响着跨国并购交易，金融机构的健全、金融市场主体功能的有效发挥可以使企业在跨国并购方面获得更大的便利性，例如获取并购贷款、相关并购业务咨询等，通过金融机构的协助，企业的并购业务可以更加方便的完成，同时也规避了部分跨国并购交易中的风险。另外希利

（Healy P. M.，2013）认为随着直接金融市场的发展，并购企业拥有了更多的融资渠道，企业的资金流动性得到了一定的保证，同时也使企业跨国并购交易更加公开透明。马尼什（Manish P.，2014）和李翠（Cui L.，2013）在"新兴市场国家跨国并购先行者的决定因素"一文中指出，印度金融管制的放松，金融机构一系列的制度变革，使印度的企业能够更容易地进入国内和国际金融市场，因此企业将传统的出口导向型国际化战略转向了融入度更高的国际化战略，从而导致了印度各行业跨国并购的迅速发展。

三　简要评述

综上所述，各国大量的实证文献表明，一国金融管制的放松和金融发展水平的提高，对该国公司的跨国并购会产生积极的影响。一般而言，金融体系的完善程度越高，越有助于企业参与对外直接投资，因为健全的金融体系有助于企业在多个方面提升自身的跨国并购竞争力，企业通过完善的金融市场可以实现多渠道的并购融资，有效减少了企业的并购交易成本，各种类型的金融机构和组织还可以给企业带来多样化的并购金融服务，实现更加高效的企业跨国并购交易与跨境资源整合。因此，企业在从事这种有益于本国经济发展但具有高风险特征的海外投资活动中，政府部门应该积极构建一个有利于本国企业跨境并购的金融生态环境，进而提高金融支持企业跨国并购的效率。但是这些关于金融发展与跨国并购之间关系的研究更多的是集中在某一金融领域对企业跨国并购的影响，比如银行业、证券市场等，未能涵盖更广泛的金融领域，这也为本书的进一步深入研究提供了一个切入点。

第二节　金融支持理论综述

近年来，中国金融市场发展与跨国并购之间的联系也越来越紧密。国内研究学者根据国外实证分析得出的结论，都普遍认为，金融自由化能够为跨国并购的准入和顺利开展提供制度保障，资本市场的发展将为跨国并购提供交易平台，金融发展能够促进跨国并购的融资，因此，跨国并购需要构建完善的金融支持环境（官建成、王晓静，2007；黄凌云、徐磊、冉茂盛，2009；郭苏文、黄汉民，2011）。裴长洪、郑文（2011）指出，过去 20 年间中国 70% 的海外并购是失败的，失败的主要原因就在于中国金融体系支持不到位，从而导致其在需要大量资金进行并购的过程中，因为缺少资金的支持不得不放弃。但是，在肯定跨国并购需要相应的金融环境支持的前提下，目前国内对跨国并购的金融支持研究还主要停留在制度层面和定性层面。严明（2005）对于企业跨国并购金融支持的研究是国内学术界比较有代表性的研究，其研究的特点在于较为系统的对金融支持跨国并购的理论进行了阐述，对跨国并购金融支持的分析也较为全面，第一次构建了金融支持企业跨境投资的理论分析模型，并对不同金融支持方式进行了对比，但是受制于当时中国企业跨国并购发展的规模以及中国金融市场的支持机制，其研究内容并没有覆盖到证券市场、咨询公司等领域的金融支持。

目前国内学者对于跨国并购与金融服务支持方面的研究主要集中在以下几个方面：一是从政策性金融服务的角度讨论其对于海外投资的支持；二是在中国"走出去"的战略框架下，从商业银行支持的角度来分析如何支持企业跨境投资；三是研究企业跨国并购金融支持的影响因素。

一　企业跨国并购金融支持方式

从政策性金融支持来看，宋维佳（2011）、李梅（2009）等通过理论分析和实证检验论证了外汇管制放松、政策性金融支持等对推动企业跨国并购的积极影响和相关关系，并从政策性金融支持的角度提出了跨国并购政策性金融支持体系的构建。白钦先、徐爱田、欧建雄（2003）主要对中小企业的跨境并购提出了支持路径，认为我国应学习国外建设专业支持中小企业海外投资机构这一成功经验，建立特色的进出口金融支持机构。黄人杰（2008）认为，可尝试通过政策性引导基金的形式，通过杠杆作用带动商业资金、民间资金共同支持企业跨国并购，提出在支持企业海外投资过程中，尝试通过设立政府引导型跨国并购基金来吸引更多的资金支持。曲昭光（1999）提出，我国企业在跨国并购中缺乏金融支持，应完善企业并购过程中的商业性金融政策支持与服务，使企业更好地应对跨国并购。陈岩、闫飞（2012）在完善商业银行与并购企业之间的资金通道，改进商业金融机构支持模式等方面提出了相关建议。马利灵、钟昌板（2012）较为全面地总结了金融体系在支持企业跨国投资方面仍存在一些不足，比如，跨国并购融资政策少且操作性不佳、银行类金融机构的金融支持运用不够合理、非银行类金融机构的作用发挥不够明显、各种金融机构合作不足、金融机构自身海外业务发展缓慢，等等。

另外，王诚志（2008）从政策性金融和商业性金融相结合的角度，探讨了企业跨国并购的金融支持问题，他认为，我国对境外投资的政策性金融支持服务尚待完善，同时资本市场不成熟制约了企业的跨国投资，应加大政策性金融的支持力度、建立境外产业投资基金以支持企业的境外投资项目。喻珊（2011）指出，关于企业跨国并购可以从金融、财政两方面切入，但支持主体要注意并购企业自身资质，政策性金融支持力度与企业实力相协调，避免因并购风险导致企业无法偿还贷款，应该尽快建立企业信用评级体系从而完善并购企业的评估工作。另外董伟（2010）还提出通过财政补贴、税收政策倾斜等措施配合政策性金融手段共同支持与之资信相符的并购企业。张乾坤、王泽霞（2012）认为近年来民营企业在跨境投资方面呈现出良好的上升趋势，在专项政策金融支持政策方面要对民营企业的支持力度有所倾斜，鼓励民营企业"走出去"，同时要对民营企业的并购融资方式、理念进行规范，积极对接相关政府部门与民营并购企业之间的业务往来，加大政策性金融支持力度。

商业银行作为企业跨国并购传统的支持渠道，被认为是商业银行支持的主渠道，同时商业银行作为重要的金融融资渠道与媒介对企业对外直接投资有重要的影响。伯特兰（Bertrand，2012）采用计量经济学的方法对商业银行信用贷款与企业对外直接投资之间的关系进行了分析，认为商业银行信用贷款的有效供给可以促进企业对外投资水平的提高。贝斯勒（Bessler W.，2002）从金融市场中商业银行的重要性入手，探究了商业银行企业投资、企业发展的影响，认为商业银行机构布局、发展水平与企业跨国并购间有正相关作用。库斯威特（Kusewitt J. B.，2015）通过实证分析了信贷市场与企业国际贸易间的关系，认为信贷市场的发展有助于企业对外开展国际贸易。还有一些学者从融资的角度出发，认为应该发展私募股权投资基金（PE）来促进企业的跨国并购。马苏利斯和托马斯(Masulis & Thomas，2009）的研究表明，并购基金在企业跨国并购中的运用是始于1980年左右，当时美国正值企业的并购浪潮，进入2000年以后，并购基金的参与范围进一步扩大，所涉及的行业领域也是越来越广泛，大致有四分之一的企业跨国并购活动都有并购基金的身影门多萨（Mendoza E. Q.，2010）。李辉（2008）通过对比加入金融因素（商业银行支持）前后企业对外直接投资的情况发现，商业银行信贷支持、私募基金的资金支持明显改善了企业对外直接投资的水平。林治洪、陈岩、秦学志（2012）认为决定企业对外直接投资水平的因素中不仅需要商业金融机构的支持，配套的金融制度体系也需要进一步跟进。李青原、赵奇伟（2010）基于工业行业的跨国并购数据研究了资本市场与对外直接投资之间的关系，指出资本市场的完善与发展带动金融市场的活力，对企业对外直接投资具有正向积极作用。沈军、包小玲（2013）以中资企业在非洲跨国并购的案例进行研究，指出完善商业银行支持措施不仅提升企业并购能力，还有效防范并购企业的国家风险。

二　企业跨国并购金融支持的绩效

关于企业跨国并购的金融支持，还有部分学者从绩效的角度进行研究。宿玉海、王韧（2016）通过山东省企业跨国并购的数据对企业并购绩效与商业银行支持之间的关系进行了实证研究，其研究认为商业银行、非银行金融机构对并购企业的支持力度越大，并购企业在后期的绩效增速越快。冉光和、李敬、万丽娟（2006）对中国企业海外并购的绩效的影响因素进行研究，认为金融机构的支持作用对企业并购绩效的提升有积极作用。于超、葛和平、曹家和（2011）通过实证检验了对外直接投资的企业绩效的影响因素，认为商业银行的发展水平、资本市场的发展水平对企业对外投资绩效有显著影响。陈恩，王方方（2011）基于 2007—2009 年的国际面板数据考察了企业跨国并购绩效的影响因素，研究认为企业外部因素对企业跨国并购的绩效存在一定影响，商业性的金融支持推动企业进行海外并购的同时也提升了并购企业的绩效水平。钟祖昌（2011）通过实证分析了中国与 OECD 国家之间企业对外直接投资的绩效差异，认为产生绩效差异的一个重要因素是有无发挥金融支持的功能。

三　企业跨国并购金融支持的影响因素

关于企业跨国并购与金融支持的研究，除了对不同的金融支持方式进行研究外，部分学者开始注重对金融支持影响因素的研究。例如达塔（Datta et al.，1995）基于美国企业跨国并购的案例分析了社会环境因素对金融支持的影响水平，康（Kang，1995）以日本并购企业为研究对象分析了政府、企业、管理者在金融支持方面发挥的作用，韩健（Jian H.，2002）以中国企业对外直接投资为研究对象分析了金融机构的科技因素、经验对金融支持的影响效果。舒勒（Schuler，2001）从金融机构内部管理的角度分析了跨国并购金融支持的影响因素。一般来说，跨国并购金融支持影响因素的研究主要集中在两个领域，一是从金融机构的内部因素进行探究，如卡奇茨 Cakici，1996、莱文和泽尔沃斯（Levine R. & Zervos S.，1998）、巴克锡尔（Balcilar M.，2010）、内贾德和克曼尼（Nejad H. R. & Kermani S. A.，2012）；二是从诸如金融环境的外部因素进行探究萨尔曼（Salman A. K.，2004）；马基迪斯（Markides C.，2008）；古比（Gubbi S. R.，2010）。

对于金融机构的内部影响因素，相关领域的学者在研究时对其划分的层次也有一定区别，骆品亮、向盛斌（2001）主要从商业银行内部化机制对企业海外投资进行研究，认为商业银行决策层内部的管理机制影响了金融支持的水平。陈伟、赵富洋（2008）通过数据包络分析的方法对金融支持影响因素进行了实证研究，对商业贷款、专项资金等方面的影响因素进行了评价。吕玉辉（2011）对金融支持的产品创新、技术支持、内部管理等要素进行了测度，构建了金融支持企业科技创新的要素模型。

在外部金融环境因素研究方面，巴克锡尔（Balcilar M.，2010）以能源行业海外并购为例分析了社会经济环境的发展对金融支持的影响。普萨拉达克西（Psaradaksi Z.，2014）认为企业信用环境、市场监管等因素会对金融支持水平产生一定影响。钟娟、张庆亮（2010）认为金融市场监管秩序、金融生态环境建设、社会信用体系等因素都会对企业海外并购的金融支持水平产生影响。董锋、谭清美、周德群等（2008）用因子分析法对金融支持的影响因素进行了分析，认为金融支持力度与信贷环境、政府政策支持力度有显著关系。

四 简要评述

综合看来，关于金融支持跨国并购的研究可以划分为两条思路：一种是基于金融机构对企业跨国并购的影响进行研究，通常这类研究会结合商业银行对企业跨国并购的作用进行分析，或者从加强政策性金融机构、商业银行对企业跨国并购的支持进行阐述。另一种思路是基于企业跨国并购的融资方式进行研究，主要包括融资工具和融资渠道的选择、产融结合的新运作方式等。这些研究对金融支持企业跨国并购具有重要意义，也为金融机构更好的支持企业对外投资提供了发展思路，但不足之处在于忽视了一些金融支持因素的影响效果，例如金融政策、金融环境对企业跨国并购的影响并没有考虑在内。因此，本书在研究金融支持企业跨国并购中，将这种外部因素也纳入考量范围之内，从而丰富金融支持企业跨国并购的研究内容。

第三节 金融支持体系理论综述

一 相关领域金融支持体系研究

随着金融市场功能的不断完善、金融工具的不断创新，金融行业在各领域的支持功能也逐渐凸显，尤其是国内学者对金融支持各行业发展的研究颇为广泛，张鲁秀（2012）研究了企业低碳自主创新金融支持体系，构建了政府、金融、企业为主题的金融支持体系。顾海峰（2014）对湖南地区工业转型升级金融支持体系进行了分析，并将外部金融环境因素也纳入了金融支持体系研究制之中。另外，对新兴产业建设方面的金融支持体系建设也有很多学者进行研究（韩慧敏，2006；沙虎居，2012；蔡红艳、阎庆民，2012），这些金融支持体系构建主要从政策性金融、商业性金融共同促进的思路进行研究。类似的还有一些学者在金融支持平台设计方面做了一些研究，这些研究一般以地方区域性金融为对象，目标支持群体以科技创新类产业为主（简兆权，2012；李洪慈，2007；凌华、张关兴，2002），金融支持平台建设以信息、服务为主。邓平、戴胜利（2010）对节能减排的金融支持体系进行了研究，认为应加强政策性金融为主、商业性金融为辅的定向金融支持体系建设。郭春风、邓平（2012）对产业升级的金融支持进行了研究，从资本市场、商业银行以及政府主导的金融服务平台等方面提出构建金融支持体系。

二 量化工具

从量化分析的层面来看，萨蒂·托马斯（Satty Thomas. L，1980）首次将层次分析法（Analytic Hierarchy Process）应用于评价不确定情况的金融决策，改变了之前最优化模型只能处理定量分析问题的局限。拉霍芬和佩德莱茨（Laarhoven & Pedrycz，1983）将模糊理论和AHP相结合，构建了模糊层次综合评价方法（简称 Fuzzy – AHP），该方法的优点是将层次结构、模糊数学以及比较权衡融合一体，由模糊判断矩阵构造模糊一致性判断矩阵，简化了判断比较的复杂性。国内学者近年来主要是在模糊层次综合评价法的基础上引入因子分析、主成分分析等多变量统计方法来提升模糊评价的精确度。严明（2006）运用信息熵（Information Entropy）方法构建了金融支持企业对外直接投资的模型；李心丹（2003）通过因子分析法（Method of Factor Analysis）构建了金融支持农业发展的评价模型；张鲁秀（2012）通过聚类分析法（Cluster Analysis）构建了金融支持企业创新发展的评价模型；熊湘辉（2015）运用主成分分析法（Principal Components Analysis）构建了金融支持新型城镇化建设的评价模型。尽管不同领域所选取的指标有所差异，但从量化研究方法来看基本可以衡量金融服务的支持程度，不足的是，这些研究方法在对评价模糊概念进行权重赋值时，大都采取了比较保守的给各指标变量赋以相等权重的做法，忽略了不同指标所能代表的金融支持程度不同的事实。

三 评述

综合来看，我国目前现有的针对企业跨国并购的文献主要是从理论的角度，定性分析"走出去"战略框架下海外投资金融支持问题，其涵盖的范围较为广泛，不仅包括商品和劳务的对外输出，还包括资本的对外输出，即绿地投资、跨国并购等，对于跨国并购的金融支持大多局限于融资支持，仍有待于进一步地拓展。另外，现有文献大多基于定性分析，主要讨论政策性金融支持的功能作用，及与其他形式的金融支持之间的关系，研究视角主要在国家战略层面和宏观政策层面。目前几乎所有的研究都是站在整个国家的层面，尚未针对区域性企业的跨国并购方面展开研究，针对江苏、浙江、山东等发达省份企业跨国并购金融支持方面的研究更是空白。本书的研究将立足东部主要省份，面向全国，在研究跨国并购金融支持一般理论的基础上，将三角模糊数（triangular fuzzy number）引入 Fuzzy - AHP 模型中，通过三角模糊层次分析法（TFAHP）构建跨国并购金融支持体系，将分类 DEA 模型和 Metafrontier - SFA 模型引入金融支持企业跨国并购中进行定量分析。

　　本章是全文理论研究的重要组成部分，通过对跨国并购、金融支持与跨国并购、金融支持体系的国内外学者研究，对全书的研究内容有了更清晰的思路。综合国内外相关文献的研究，可以发现国外学者在研究金融支持企业跨国方面多采用实证分析的方法，国内学者在研究金融支持企业跨国方面多采用理论分析，基于此本书将国内外研究的特点进行整合，在理论分析金融支持企业跨国并购的基础上，运用多种计量模型对金融支持的影响因素、金融支持企业跨国并购的绩效进行实证研究。另外，国内学者在构建金融支持体系或者评价金融支持水平时，所采用的计量方法或多或少存在一些不足，容易对结果的准确性造成一定偏差，需要进一步完善和修正，尤其对影响因素与金融支持水平间的实证分析缺乏深入研究。因此，本书将会对这些不足之处进行弥补，同时在金融支持企业跨国并购的理论机制方面进行补充，进而完善该领域的研究内容。

第三章 金融支持企业跨国
并购的机理分析

通过对国内外相关研究领域的文献梳理，对跨国并购与金融支持方面的理论有了进一步认识，在现有理论研究的基础上，本章首先对本书涉及的名词概念进行了界定，其次对跨国并购、金融支持的理论研究体系进行了归纳，在此基础上从内生金融理论和乘数效用论的双重视角对企业跨国并购金融支持的机理进行分析，并探究了金融支持企业跨国并购的路径与传导机制。

第一节 相关概念界定

一 企业并购与跨国并购

企业并购的概念是企业兼并和收购的组合。前者是指不同的企业组合成一家企业的行为，根据兼并形式与兼并程序的不同，兼并可以划分为两种形式——吸收兼并、新设兼并。所谓吸收兼并，以两家企业为例，是指甲企业（吸纳方）吸收乙企业（加入方）后甲企业维持原法人资格，乙企业不保留原法人资格，兼并形式可以表示为甲+乙=甲；所谓新设兼并，以两家企业为例，是指甲企业与乙企业组合形成新的企业，甲、乙企业双方均不保留其原有的法人资格，组合后的企业托管甲、乙企业原有的资产、债务，兼并形式可以表示为甲+

乙 = 丙。企业收购是指一家企业（收购方）通过某种方式获取另外一家企业（被收购方）的全部或部分所有权的行为，收购的分类方法很多，常见的是根据收购出资方式的不同，划分成资产式收购和股权式收购。资产式收购是指收购方购买被收购方全部或部分资产从而拥有对目标企业的控制权，股权式收购是指收购方购买被收购方全部或部分股权从而拥有对目标企业的控制权。资产式收购与股权式收购的区别在于前者的行为主体是收购企业与目标企业自身，行为客体是目标企业的资产；后者的行为主体是收购企业与目标企业各自的股东，行为客体是目标企业的股权。另外，资产式收购在收购时主要关注的是目标企业的资产状况，一般不涉及目标企业的负债问题，而股权式收购在收购时需关注目标企业的债务状况，原因在于虽然收购后目标企业仍然承担其原有债务，但收购方未来的股东权益与目标企业的原有债务有直接关联，即后者存在一定的负债风险。总的来看，不论是企业兼并还是企业收购，两者的经济内涵是一致的，即两家或两家以上的企业通过整合使得企业的控制权归属于一个法人手中，两者带来的经济影响也是一致的，即市场竞争份额、市场竞争结构产生的变化。所以，企业兼并和企业收购更多情况下被联结在一起，统称为企业收购。

跨国并购的概念是企业并购概念的外延，即企业并购行为延伸至不同国家之间，通常是指一国企业（并购企业）通过某种方式或渠道，获得另一国家企业（目标企业）全部或部分的资产（股权），从而达到控制目标企业经营管理的目标的投资行为。跨国并购的概念重点强调的是企业之间控制权的转移，按照世界银行关于"跨国并购"的界定，只有并购企业拥有目标企业的控制权才被视为完成本次收购。国际货币基金组织对"跨国并购"的定义是采用兼并或收购的方式获得国外企业一定比例的股权，从而获得该国外企业生产经营的控制权。联合国贸易和发展组织对"跨国并购"的定义是并购企业收购目标企业10%以上的股权，使目标企业的控制权转移至并购企业的投资行为。普华永道在历年发布的中国并购市场报告中对"跨国并购"的说明中也提到跨国并购事件应涉及目标企业的控制权转移至并购企业。广义上的跨国并购也可以分为跨国兼并和跨国收购两大类，但在企业跨国并购实务操作案例中，绝大部分案例是一国企业去跨国收购另一国企业，而不是一国企业去跨国兼并另一国企业，原因在于跨国兼并意味着东道国或母国的企业解散，跨国收购只是东道国企业法人的变更，根据联合国贸易和发展会议发布的《2016年全球投资趋势监测报告》，2016年全球跨国收购交易总额占全球跨国并购交易总额的94%，因此，跨国并购在实际含义上更侧重于跨国收购。至于本书所涉及的跨国并购，是指广义上的跨国并购（包含跨国兼并、跨国收购），但所涉及的跨国并购特征分析及案例说明以跨国收购为主。

二 金融支持

金融支持的概念是一个比较宽泛、模糊的概念，提到金融支持往往与经济发展、实体经济联系在一起，金融支持主要是研究金融市场的发展、金融工具的创新、金融机构的建设、金融体系的完善等如何对实体经济的发展提供促进与支持。国内外大量关于经济增长与金融发展之间关系的研究表明，国家或地区的经济增长与该区域的金融发展之间呈正相关关系，即某个国家或地区的金融发展水平（金融机构多样化程度、金融工具创新程度、金融体系完善程度）越高，则该国家或地区的经济增长也就越快，因此"金融业增加值""金融业贡献率"等数据也成为衡量地区经济发展水平的重要参考指标。[①] 从经济发展的微观层面来看，企业是经济生产生活的主体，金融支持经济发展在微观意义上来讲即金融支持企业生产行为的发展；从经济发展的

---

① 陈岩、闫飞：《中国对外直接投资动因、制度调节与地区差异》，《管理科学》2012年第6期。

宏观层面来看，则体现为经济产业、战略布局等方面，那么金融支持
经济发展在宏观意义上来看表现为金融支持科技、农业、文化等多种
产业以及"一带一路""走出去""对外开放"等战略布局。本章的
研究主要从微观角度入手，即以"企业"为对象来考察金融支持企业
跨国并购的内在机理。

关于金融支持的定义，目前来看学术界并没有形成一个主流的观点，
大体上可以分为两类，一类观点将"金融支持"理解为政府行为；另一
类观点将"金融支持"理解成政府和市场共同的行为。具体来看，以刘
仁伍（2002）、郭克莎（2002）为代表的学派将"金融支持"定义为：
"以促进社会经济发展和产业结构升级为目标，以政府对各类金融组织的
有效控制为原则，通过优惠利率政策、资本市场准入门槛、资金供给政
策等宏观调控手段，推进政府主导产业的资本集聚、促进公共企业的资
本积累，服务经济建设的各项金融措施的统称。"这种观点更多的是将金
融支持看成是政府的宏观经济调控手段，政府起主导力量。而以张玉喜
（2007）为代表的学派将"金融支持"定义为："为支持和促进国家社会
经济发展而制定的相关金融政策或其他金融措施。"这种观点是将政府宏
观调控与金融市场主动行为结合在了一起，将金融支持看成是政府力量
与市场力量共同参与的举措。本书的研究更倾向于张玉喜（2007）的观
点，因为在市场经济条件下研究企业跨国并购的金融支持，一定是各类
金融业态提供基础性的金融支持配合政府层面的金融支持共同参与完成
的金融行为。

另外，本书按照金融支持的机构主体划分为三类，一是政策性金融
支持；二是商业银行金融支持；三是非银行金融机构支持。政策性金融
支持是以国家信用为背书，根据国家重点扶持对象的特点，通过有政策
性倾向的贷款、投资、担保、保险等对相关行业进行金融支持的行为统
称。本书关于企业跨国并购的政策性金融支持既包括政策性银行机构、
政策性保险机构的金融支持，还将金融相关部门的政策法规支持纳入考

量范围。关于后两者的概念,需要说明的是,按照常规的金融支持分类方法,可将两者统称为商业银行支持,鉴于在企业跨国并购的众多案例中机构投资者、财务公司、会计师事务所等非银行金融机构的参与比重较大,不管在参与数量方面还是涉及的并购交易金额方面都屡创新高,而且早已打破了由商业银行垄断的金融支持局面,因此,本书为了更加细致的对商业性金融中的各类金融机构支持进行研究,特将商业性金融划分为商业银行金融支持、非银行金融机构支持。

三 跨国并购绩效

绩效是指企业所预期的效率和效果,通常表现为企业的经营业绩、管理水平、生产能力等评价效用。所谓跨国并购绩效是指企业的跨国并购行为给企业自身带来的实际成绩和效果。企业的跨国并购绩效可以从微观和宏观两个层面进行分析,微观的角度即企业并购前与并购后实际效用的比较,宏观的角度即企业的跨国并购为社会带来的福利变化(资源配置、产业结构调整、就业影响)。[1] 本书所涉及的企业跨国并购绩效,研究对象是并购方的企业,研究角度是从微观层面进行分析。跨国并购绩效的评价方法分为交易绩效(Transaction Performance)与经营绩效(Operation Performance),前者是从股票价格对企业并购的反映、市场投资者对并购事件的预期来进行评价,是一种短期的绩效评价方法;后者则是采用财务会计的方式来检验企业在跨国并购前后的绩效变化,是一种中长期的绩效评价方法。[2] 本书的研究以"经营绩效"为主,原因在于分析企业跨国并购金融支持的绩效,从时间跨度来看,要对金融支持的企业在并购前、并购中、并购后的各项财务指标进行分析,属于中长期

---

① 蔡红艳、阎庆民:《产业结构调整与金融发展——来自中国的跨行业调查研究》,《管理世界》2012 年第 10 期。

② 冉光和、李敬、万丽娟:《中国企业对外直接投资动机与绩效评价体系研究》,《世界经济研究》2006 年第 7 期。

的经营绩效。

第二节　相关研究领域的理论基础

一　跨国并购的理论基础

（一）对外直接投资理论。对外直接投资（Foreign Direct Investment）即通常所说的 FDI，是指一国企业通过跨境投资的形式所产生的国际间资本的流动与转移。根据直接投资进入国外市场的方式不同，对外直接投资通常划分为跨国并购、绿地投资（新建投资）以及国际合资，目前来看跨国并购是对外直接投资的最主要形式，因此研究跨国并购的理论基础通常以"对外直接投资理论"为支撑。对外直接投资理论有很多分支，按照国际分工的标准形成了以发达国家和发展中国家为研究对象的理论研究体系，具体如图 3 - 1 所示：

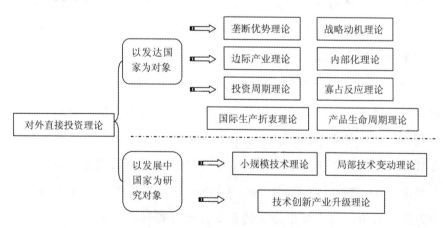

图 3 - 1　对外直接投资理论框架

对外直接投资的研究最早始于 20 世纪 60 年代初期，早期的垄断优势理论（Monopolistic Advantage Theory）提出，在市场不完全竞争的假设条件下，往往会出现企业垄断或寡头现象，部分跨国企业由此凭借自身的垄断优势进行海外投资进而赚取更多的企业利润。产品生命周期理论（Product Life Cycle Theory）将产品生命周期划分为四个阶段，在不同的阶段企业的对外直接投资行为有所不同，不同时期的跨国企业所采取的策略也有区别。后来在产品生命周期理论的研究基础之上，演化出了边际产业理论（Marginal Industry Theory）和投资周期理论（Investment Cycle Theory），前者是将一国的产业在对外直接投资的次序进行了阐述，即按照比较劣势的顺序依序进行；后者是将国家的经济发展水平与对外直接投资之间建立了关联。寡占反应理论（Oligopolistic Reaction Theory）从寡头企业与垄断企业之间的竞争角度指出了企业进行对外直接投资的原因，当寡头企业进行海外扩张时，垄断企业为了缩小与寡头企业之间的差距，会效仿寡头企业的行为也进行对外直接投资。内部化理论（Internalization Theory）认为企业之所以进行对外直接投资是出于企业控制权与经营权的海外扩张，从而促使企业统筹资源建立内部市场，提高经营效率，降低了交易成本，塑造企业跨国投资的内部化优势。国际生产折衷理论（Eclectic Theory of International Production）的核心观点即 OLI 模式是企业对外直接投资的条件，所谓 OLI 模式是指所有权优势（Ownership）、区位特定优势（Location）、市场内部化特定优势（Internalization）的统称，该理论是集合众多理论研究成果的精髓，使对外直接投资理论体系进一步丰富和完善。从 20 世纪 70 年代开始，国外学者将对外直接投资的研究对象侧重于发展中国家，并形成了一些比较经典的理论。小规模技术理论（the Theory of Small Scale Technology）以发展中国家的跨国企业为研究对象，将发展中国家的自身特征与跨国企业的竞争优势联系在一起，该理论认为发展中国家的跨国企业有三方面的竞争优势：一是具备满足小规模市场需求的生产技术；二是具有生产成本的比较优势；三是对外直接投资与本国民族文化相关联。局部技术变动理论（Local technical change theory）认为发展中国家的跨国企业随着技术效率的提升以及自身技术的本土化特色优势，推进了跨国企业的对外直接投资。技术创新产业升级理论（the Theory of Technology Innovation and Industry Upgrade）提出了两个命题，一是发展中国家技术升级是一个不断累积的过程；二是跨国企业技术的提高影响对外直接投资的进程。在此基础上，技术创新产业升级理论认为发展中国家跨国企业的对外直接投资的地理特征与产业分布是一个可预测的并且循序渐进的阶段性表现。

（二）并购理论。并购理论最早的研究基础是产业组织理论（Industrial Organization Technology），该理论主要研究不完全竞争市场的企业行为、市场结构以及市场成果，其中跨国并购作为企业的投资行为之一，影响着企业的市场结构和绩效，同时企业自身获得了规模经济与市场的占有率。产业组织理论作为并购理论的研究基础，衍生出了很多相关的并购理论，具体如表3-1所示：

表3-1　　　　　　　　　相关并购理论

相关理论	代表人物	理 论 内 容
市场力量理论 Market Power Theory	休斯顿（Houston, 1980）罗德曼（Rodermann, 1999）	企业并购的原因在于增大自身的市场占有份额或者巩固其市场垄断地位，采用市场力量获取规模经济
交易成本理论 Transaction Cost Theory	亨纳尔特（Hennartt, 1993）巴克利（Buckley, 1998）	企业通过并购可以减少因生产流程分散而引起的工作效率下降，降低了企业的交易成本，实现并购的整合效果
管理效率理论 Management Efficiency Theory	巴拉克（Black, 1992）施莱弗（Shleifer, 1989）阿米胡德（Amihud, 1981）	企业为避免产生委托——代理问题可通过并购的方式更换代理人，从而降低代理成本；该理论还认为企业并购的另外一个目的是企业经营者寻求管理高回报

相关理论	代表人物	理论内容
自由现金流假说 Free Cash Flow Hypothesis	詹森（Jensen, 1986）	跨国企业通过并购活动减少了自由现金流量，降低了代理成本，缓解了公司股东与管理者之间的矛盾
价值低估理论 Under Valuation Theory	汉娜（Hannah, 1977）拉文斯克拉夫特（Rravenscraft,1991）瓦特康塞洛斯（Vasconcellos,1998）	当某个企业的市场价值无法真实反映其内在价值，即企业价值被低估时，往往会被其他企业所并购
网络化理论 Network theory	康坦德（Contractor, 1988）彭（Peng,1996）豪斯柴尔德（Haunschild,2002）	跨国企业在市场机构中所形成的集群企业、合作企业、关系资源、战略联盟等网络化资源会推进企业进行并购

二 金融支持的理论基础

（一）金融约束理论。金融约束理论是在金融深化论的基础上进行演化，最早是由斯蒂格利茨针对金融发展深化问题以及政府干预问题而提出的。该理论认为由于信息不对称的原因产生的道德风险和逆向选择，破坏了金融市场的瓦尔拉斯均衡，使得金融市场无法达到帕累托最优，这就需要政府的"金融约束"来解决信息不对称的问题。政府通过出台相关的"金融约束"政策，诸如利率政策、市场准入限制、规范化竞争等使得金融机构与部分企业利用"租金机会"来规避信息不对称带来的风险。这样，政府的"金融约束"对资源的合理化配置以及企业创新、社会经济发展都有好处，并未阻碍金融市场的运行。比较典型的是政府通过控制存贷款利率和市场准入门槛来平衡金融机构与企业之间的发展状况：假设政府通过控制存款利率来调节市场，那么市场均衡时的存款利率就会高于当前的存款利率，由于此时的贷款利率并没有限制，那么市场均衡时的贷款利率就会低于当前的贷款利率，那么金融机构会获得该政策带来的"租金"。通过利用"租金"金融机构会完善管理运行水平，推进业务创新服务，对存贷款规模有更加合理的把控，继而产生"租金示范效应"为社会企业生产生活带来更多的资金。① 当政府通过控制存款利率、贷款利率的双重利率时，此时的贷款利率比无管制时的贷款利率要低，但比市场均衡时的贷款利率要高，因此金融机构与企业共同获得"金融约束"政策下的"租金"。另外，关于市场准入限制这一"金融约束"，金融机构同样可以获得由特许权价值带来的"租金"，金融机构会采取低风险的措施来维持这种限制性规定带来的垄断性利润，而金融机构的稳定运营对社会经济发展具有很重要的意义。"金融约束论"通过研究政府约束性规定与金融机构、企业之间的关系，为金融机构、企业带来租金，完善了实体经济与金融机构之间的资金合理化配置，为政府在宏观经济调控方面提供了一定的参考依据，但是也存在一定缺点，譬如在经济运行中政府的约束措施很难控制恰当的力度，尤其在经济欠发达国家经常会出现金融约束限制使用过度而产生的金融抑制。

（二）内生金融理论。内生金融理论的产生是建立在内生增长理论与新制度经济学的研究基础之上，将市场交易的不确定性、信息不对称、不完全竞争等现实因素纳入金融市场分析，对原有的金融市场外生性限制假设进行突破，更深入的探讨金融市场内生机制的问题。该理论认为金融市场的发展与社会经济的增长之间的内生关系可以用两个指标进行分析：资本边际生产率（marginal productivity of capital）和存储转化效率（save transformation efficiency）。首先金融市场的发展

---

① 黄人杰：《对实施"走出去"战略的政策性金融支持体系研究》，《国际贸易》2008 年第 7 期。

带来了企业金融交易成本的降低，使得企业有更多的资金用于生产生活，提高了资金使用效率；其次随着金融市场功能的不断完善，资本边际生产率高的项目会集聚更多的企业进行投资，实现了社会资源的合理化配置；最后金融发展会影响居民的存储转化效率，进而影响到投资水平，最终促进社会经济的增长。可以说，内生金融理论的提出是对金融深化理论以及内生增长理论的补充和完善，对金融机构、企业、宏观经济中的实际问题进行了更加细致的阐释说明。但国内外学者对内生金融理论的研究起步较晚，更多的理论研究仍需要实践进一步证明和完善，尤其对发展中国家金融市场的内生理论研究有待提高。

（三）区域金融理论。区域金融的研究是结合我国地缘特色的国情，针对因空间地理位置的不同而产生的区域金融差异进行分析探讨。目前关于区域金融的定义，比较常见的说法是：某个国家宏观金融体系在空间区域上的运行状况与分布特征，在外延上可以表现为不同金融组织结构、不同金融业态、不同金融机构层次的金融活动区域。区域金融理论的研究层面是介于宏观金融与微观金融之间的中观金融视角，研究对象集中在不同区域间信贷政策、投资环境、融资渠道、金融机构等方面的差异，具体内容包括区域金融差异理论、区域金融合作、区域金融发展。区域金融差异理论是探究区域间金融体系不均衡发展的形成原因、不同区域之间资金流动的原因、金融市场成长与区域经济发展之间的关联以及区域间金融运行状况的差异性等内容；区域金融合作是指不同区域之间的金融业态深化交流合作、协调发展，进而推进区域间资金流动，实现资源的有效配置以及经济社会的均衡发展；区域金融发展主要研究的是区域金融市场的融资机制构造、金融发展的有效路径、增长动力等。在这三个方面的内容，区域金融理论更加侧重研究的是区域金融差异理论，区域金融差异是探究区域金融的理论基础，也是区域金融合作与发展理论的研究依据。

第三节　机理分析

　　跨国并购作为企业对外直接投资的重要方式离不开金融的支持，金融作为投资方与储蓄方、资金盈余方与资金短缺方流通的重要渠道，对微观企业投资行为和宏观经济发展状况都有重要的影响。基于本章前半部分阐述的关于跨国并购和金融支持的理论基础，本节基于内生金融理论和乘数效应的双重视角来分析企业跨国并购金融支持的机理。

一　基于内生增长视角的金融支持机制

　　我们以内生金融发展理论（Endogenous Financial development Theory）和经济内生增长理论（The Theory of Endogenous Growth）基础，从内生增长的角度探究企业跨国投资行为与金融支持之间的关系，分析金融支持企业跨国并购的内在机理。

　　按照经济内生增长模型的公式：

$$Y_t = p \cdot K_t, \quad t = 1, 2, 3, \cdots, n \tag{3.1}$$

　　公式（3.1）中 p 表示资本的边际生产率，Y 和 K 分别表示总产出规模、资本存量规模，两者均以动态时间序列表示。当时间变动从 t 期到（t+1）期时，Y 和 K 随之变化，p 可视为一常量，不随 t 的变化而变化。我们用 ΔY_t 表示总产出规模在某一时间段内的增量变化，即 $\Delta Y_{t+1} = Y_{t+1} - Y_t$；用 ΔK_t 表示资本存量规模在某一时间段内的增量变化，即 $\Delta K_{t+1} = K_{t+1} - K_t$；用 I_t 表示投资规模，由于净投资表示资本存量的增加，因此 $I_t = \Delta K_{t+1} = K_{t+1} - K_t$。

　　将 $\Delta Y_{t+1} = Y_{t+1} - Y_t$ 与 $I_t = \Delta K_{t+1} = K_{t+1} - K_t$ 代入公式（3.1）中，可得：

$$\frac{\Delta Y_{t+1}}{Y_{t+1}} = p \cdot \frac{I_t}{Y_t} \tag{3.2}$$

另外，我们引入储蓄—投资恒等式 $I_t = S_t$，考虑现实社会中储蓄率与金融市场投资回报率之间的差异，部分金融资本会滞留金融市场而无法完全转移至实体资本中，我们用 a 表示金融资本与实体资本之间的转移比率，这样总投资 I_t 等于总储蓄 S_t 与储蓄—投资转化率 a 的乘积，即：

$$I_t = a \cdot S_t \tag{3.3}$$

由公式（3.2）和公式（3.3）联立可得：

$$\begin{cases} \dfrac{\Delta Y_{t+1}}{Y_{t+1}} = p \cdot \dfrac{I_t}{Y_t} \\ I_t = a \cdot S_t \end{cases} \rightarrow \begin{cases} \dfrac{\Delta Y_{t+1}}{Y_{t+1}} = p \cdot \dfrac{aS_t}{Y_t} \\ g = \dfrac{\Delta Y_{t+1}}{Y_{t+1}}; \quad s = \dfrac{S_t}{Y_t} \end{cases}$$

整理可得：

$$g = p \cdot a \cdot s \tag{3.4}$$

公式（3.4）中，g 代表经济增长率，p 代表资本的边际生产率，a 代表储蓄—投资转化率，s 代表名义储蓄率。

将公式（3.4）两边同时进行对数化处理可得：

$$\ln g = \ln p + \ln a + \ln s \tag{3.5}$$

由公式（3.5）可知，国民经济增长率 g 与 p、a、s 三者之间的内在关联，从内生增长的视角来看，国民经济的增长在助推企业"走出去"、企业对外直接投资方面有直接作用，因此我们认为企业跨国并购依赖于 p（资本边际生产率）、a（储蓄—投资转化率）、s（名义储蓄率）三个因素的共同作用。其中，资本边际生产率、储蓄—投资转化率反映的是金融支持实体经济状况的指标，因而金融发展水平越高，金融支持体系发展越完善，资源配置效率也就越高，金融资本转化实体资本的效率也就越高，实体经济可以得到更多的金融支持，促进企业对外投资，由此也增大了企业跨国并购的贡献度。

综上所述，基于内生增长的视角，企业跨国并购行为依赖于金融体系的支持，金融体系的完善程度对企业跨国并购有积极的作用。

二　基于乘数效应视角的金融支持机制

乘数效应（Multiplier Effect）在货币银行学中的概念是指央行在宏观经济市场中投放的基础货币产生了数倍于基础货币规模的货币供给，描述的是宏观金融市场这种货币供给规模加倍扩大的功能。乘数效应有很多类型，最常见的类型是在国民经济中的投资乘数。投资乘数（Investment Multiplier）是当初始的资本规模在金融市场的作用下，发挥出一定的乘数效应使得市场中的资本规模成倍增加，存量资本规模的数倍增加使得国民经济发展水平进而得以提升。

本节的研究立足于国民经济增长总量模型，将投资乘数的因素纳进国民经济增长总量模型之中，探析金融市场中的乘数效应与企业跨国并购之间的联系。首先，国民经济增长总量模型的公式为：

$$Y = F(K, L) \tag{3.6}$$

公式（3.6）中，Y 表示国民经济总量；K 表示初始的资本规模；L 表示初始的劳动规模。

设投资乘数为 β，将投资乘数 β 引入 $Y = F(K, L)$ 中，由于乘数效应的影响，市场中初始的资本规模 K 会增大为 $\beta \cdot K$，所以对公式（3.6）进行一定的修正，将模型中 K 的替换为 $\beta \cdot K$，即：

$$Y = F(\beta K, L) \tag{3.7}$$

对公式（3.7）中初始的资本规模 K 和初始的劳动规模 L 分别求偏导，可得：

$$\begin{cases} \omega_k = \dfrac{\partial F}{\partial K} \\[2mm] \omega_t = \dfrac{\partial F}{\partial L} \end{cases} \tag{3.8}$$

公式（3.8）中 ω_k 和 ω_t 分别表示国民经济总量 Y 对初始的资本规模 K、初始的劳动规模 L 的敏感程度。

结合式子（3.7）和式子（3.8），设 ΔY 为国民经济的增长量，

ΔK 为资本投入的增量，ΔL 为劳动投入的增量，利用全微分形式不变性定理，可得：

$$\begin{cases} dY = \beta \dfrac{\partial F}{\partial K} \cdot dK + \dfrac{\partial F}{\partial L} \cdot dL \\[2mm] \omega_k = \dfrac{\partial F}{\partial K} \to \Delta Y = \beta \omega_k \Delta K + \omega_t \Delta L \end{cases} \qquad (3.9)$$

$$\omega_t = \dfrac{\partial F}{\partial L}$$

由公式（3.9）可以得出，当投资乘数 β 控制在相对稳定的水平，国民经济增量 ΔY 由 ΔK 和 ΔL 所决定，并且 ω_k 和 ω_t 均大于 0，所以初始的资本规模 K 以及初始的劳动规模 L 对国民经济总量 Y 均有正向影响。当初始的劳动规模 L 控制在相对稳定的水平即劳动投入的增量 $\Delta L = 0$ 时，此时 $\Delta Y \approx \beta \omega_k \Delta K$，也就是说当初始的资本投入规模 K 每增加一单位，国民经济总量 Y 会增加 $\beta \omega_k$ 倍数单位。当政府将 ΔK 和 ΔL 控制在相对稳定的水平，国民经济的发展水平主要取决于投资乘数 β，而投资乘数 β 作为实体经济领域乘数效应的替代变量，所以在宏观层面上来看实体经济的发展也要受金融市场乘数效应的影响，进而当企业进行海外投资时与金融市场的发展水平也会产生关联。通常情况下金融市场的乘数效应与金融体系完善程度，金融机构运行效率和资源配置效率有关。

综上所示，基于乘数效应的视角，随着金融机构的支持能力与发展水平提升，金融体系的健全与金融市场的创新，助推了金融市场的乘数效应的提高，当金融市场的乘数效应在企业跨国并购领域产生作用，投资乘数使得企业对外直接投资中投入—产出过程中形成催化作用，推动企业跨国并购领域的发展规模进一步增大。

第四节　传导机制与路径分析

通过本章第二节与第三节关于企业跨国并购金融支持的理论基础

介绍和机理分析,对金融支持如何影响企业跨国并购行为的内在机制有了一定的了解,本节将从金融支持企业跨国并购的动态传导机制和路径来更加直观的探析金融支持企业跨国并购的过程。

一 金融支持企业跨国并购的传导机制

金融支持企业跨国并购的整个过程可以看作主体影响客体的过程,所谓主体即是金融支持的主体(各类金融机构),所谓客体即参与跨国并购的企业。各类金融机构在支持跨国企业时往往是通过金融工具进行传导,其动态传导机制如图3-2所示。

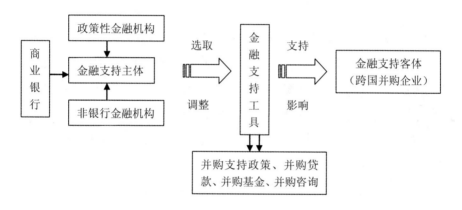

图3-2 金融支持企业跨国并购动态传导机制

从图3-2中可以看出,金融机构采用合适的金融工具来支持参与跨国并购的企业,然后参与跨国并购的企业会对金融支持的效用进行反馈或者是金融机构主动获取客体的信息反馈,通过这种"信息反馈",金融支持主体会及时调整金融支持工具进一步支持参与跨国并购的企业。需要说明的是,不同类型的金融支持机构所采取的金融支持工具也有所区别,政策性金融机构通常依托于政府出台的定向支持政策,商业银行通常采取并购贷款、并购顾问类业务的金融支持方式,非银行金融机构通常采用并购基金、并购咨询类业务等。这种"主体——工具——客体"的动态传导机制可以较好地对金融支持企业跨国并购的效果进行监测和优化,对金融支持主体和客体而言都有积极的作用。

二 金融支持企业跨国并购的路径分析

金融支持企业跨国并购的路径大致可以划分为以下三个方面。

第一，政策性金融支持企业跨国并购，例如政策性银行通过信用担保、政策性并购贷款、贷款低息政策等支持企业跨国并购，或者政策性保险公司提供跨境投资保险、中长期海外项目信用保险、海外租赁保险等支持跨国企业"走出去"，或者相关政府部门出台支持企业跨国并购的扶持政策或政府引导并购专项基金等。

第二，商业银行支持企业跨国并购，大部分商业银行的支持路径主要以商业性并购贷款为主，为了支持企业跨国并购，通常并购贷款在贷款利率方面会给予优惠；现在部分商业银行通过开展并购类顾问业务的路径来支持企业海外投资，并购类顾问业务包括为跨国企业提供并购结构设计及融资安排设计、寻找并购资产标的、境外并购政策解读等。

第三，非银行金融机构支持企业跨国并购，目前参与企业跨国并购的非银行金融机构以私募基金公司、证券公司、咨询机构为主，这类金融机构主要为企业跨国并购提供专业的收费性非融资类的咨询服务，包括上市借壳资源安排、并购企业资产处置顾问等金融支持。金融支持企业跨国并购的路径可以用下页图 3-3 更直观的表示。

本章是全书研究的理论基础，基于对现有理论的研究，本章从金融内生理论和乘数效用理论两个层面分析了金融支持企业跨国并购的内在机制，基于内生增长的视角，企业跨国并购行为依赖于金融体系的支持，金融体系的完善程度对企业跨国并购有积极的作用；基于乘数效应的视角，金融体系的健全与金融市场的创新，助推了金融市场的乘数效应的提高，当金融市场的乘数效应在企业跨国并购领域产生作用，投资乘数使得企业对外直接投资中投入—产出过程中形成催化作用，推动企业跨国并购领域的发展规模进一步增大。

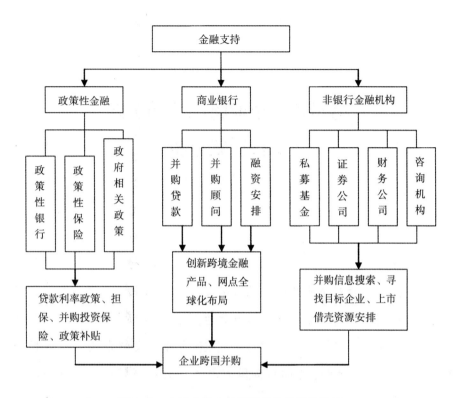

图 3 - 3　金融支持企业跨国并购的影响路径

第四章　企业跨国并购金融
支持现状分析

通过前文的相关理论分析，在了解金融支持企业跨国并购的作用机制之上，本章对企业跨国并购金融支持的现状、特点进行分析，首先，对我国总体的企业跨国并购现状进行了分析，具体包括跨国并购交易数量和交易金额、企业性质（国有企业、民营企业、财务投资者）、不同并购行业、不同目标国家等多个方面；其次，本章还对我国企业跨国并购金融支持的现状进行了分析，具体包括政策性金融支持现状、商业银行支持现状和非银行金融机构支持现状，通过对金融支持的现状分析为后文实证研究提供一定的现实依据。

第一节　企业跨国并购现状

2011 年以来，中国企业在跨国并购的交易数量和交易金额方面均呈现出逐渐增长的趋势，其中跨国并购的交易数量方面 2015 年较 2011 年增长了 40%，跨国并购的交易金额方面 2015 年较 2011 年增长了 21%，但值得注意的是 2016 年上半年中国企业的跨国并购实现了井喷式增长，跨国并购的交易数量 2016 年上半年较同期增长了 140%，跨国并购的交易金额 2016 年上半年达到 1343 亿美元，同比增长了接近 3 倍（286%），而这一数字也超过了 2014 年和 2015 年中国企业跨国并购交易金额的总和，其中交易金额超过 10 亿美元的并购大单有 24 起，并且中国化工并购瑞士先正达公司的交易金额达到创纪录的 430 亿美元，如果剔除这种特殊的大额跨国并购交易，2016 年上半年的跨国并购金额依然比同期增长了 161% 左右，具体分析结果如表 4－1 所示：

表 4－1　　　　　　中国企业跨国并购交易数量和交易金额

时间（年）	交易数量（起）	交易金额（10 亿美元）
2011	206	42.5
2012	191	60.3
2013	200	50.6
2014	272	55.7
2015	382	67.4
2016	493	134.3

数据来源：汤森路透、投资中国及普华永道分析

按照并购主体的角度来分析，我们划分为国有企业、民营企业以及财务投资者，本书通过对这三类并购主体近五年的跨国并购情况进行了梳理，统计结果表明：国有企业的跨国并购在交易数量和交易金额方面在 2011—2013 年呈现出一定的增长趋势，受国企改革、经济形势等因素影响，近两年国有企业的跨国并购的增速有所放缓；相较而言，民营企业、财务投资者以及私募股权基金在跨国并购的行为表现突出，展现了较强的发展潜力。进入 2016 年以来，民营企业的跨国并购行为更加活跃，出现了前所未有的活力，其并购的交易金额也首次超过了国有企业，并且在并购交易金额排名前 20 位的跨国交易案例中民营企业占到了 13 起，具体如表 4－2 所示：

表 4 - 2 不同类别企业跨国并购交易数量和交易金额

类别	时间(年)	交易数量（起）	交易金额（10 亿美元）
国有企业	2011	40	29.9
	2012	40	36.8
	2013	57	38.8
	2014	78	27.3
	2015	80	29.1
	2016	105	49.4
民营企业	2011	139	6.4
	2012	125	19.9
	2013	118	11.2
	2014	145	14.4
	2015	207	22.2
	2016	325	72.1
财务投资者	2011	27	8.4
	2012	26	10.3
	2013	25	1.1
	2014	49	14.0
	2015	95	16.1
	2016	63	20.1

数据来源：汤森路透、投资中国及普华永道分析

按照并购行业的角度来分析，从近三年的跨国并购案例来看，中国企业跨国并购的目标行业更多集中在高科技产业、工业、原材料等资源型行业领域，在民生消费、能源电力、金融服务、医疗健康、媒体娱乐等行业领域的并购活动相对较少。总体来看，中国企业的跨国并购正逐渐向多元化的投资组合靠拢，越来越多的企业寻求将高新技术、前沿产品、国际品牌等稀缺资源引入国内，具体分析结果如表 4 - 3 所示。

表 4 - 3　　　　　　　　　　不同行业跨国并购交易数量　　　　　　（单位：起）

类别	时间 行业	2014 年	2015 年	2016 年
国有企业	工业	6	14	21
	高科技	17	27	23
	原材料	1	3	7
	金融服务	3	2	8
	医疗健康	6	7	10
	消费相关	7	13	11
	能源电力	2	4	7
	其他	8	9	15
民营企业	工业	21	38	86
	高科技	30	43	47
	原材料	13	24	31
	金融服务	5	12	14
	医疗健康	8	18	25
	消费相关	7	13	11
	能源电力	13	9	17
	其他	24	39	47
财务投资者	工业	21	38	86
	高科技	30	43	47
	原材料	15	10	6
	金融服务	9	10	15
	医疗健康	1	2	11
	消费相关	11	6	5
	能源电力	12	14	14
	其他	11	12	14

数据来源：汤森路透、投资中国及普华永道分析

按照并购行业的地区来分析，近三年以来我国企业跨国并购的主要

目标国家及地区以北美洲地区、欧洲（俄罗斯除外）以及亚洲为重点的跨国并购区域，而大洋洲、俄罗斯、南美洲以及非洲的跨国并购数量相对较少，原因在于较发达国家以及新兴发展中国家的企业在技术平台、消费平台、资源平台的优势对中国企业投资者有着较大的吸引力，同时跨国并购的众多风险因素也是国内企业重点考虑的因素，而北美地区、欧洲部分国家以及亚洲周边国家的政治风险、文化整合风险相对较小，因此更多的大陆企业将这些国家及地区作为跨国并购的目标选择具体分析结果如表4-4所示：

表4-4　　　　　　不同国家及地区跨国并购交易数量　　　　（单位：起）

时间 地区	2014 年	2015 年	2016 年
北美洲	95	113	149
欧洲	82	110	163
亚洲	64	107	129
俄罗斯	4	6	7
大洋洲	17	28	31
南美洲	6	7	11
非洲	7	9	10

数据来源：汤森路透、投资中国及普华永道分析

综合上述各表格呈现的数据，受我国"一带一路"政策的影响，更多的企业在"走出去"的过程中更加畅通和便捷，2015 年我国企业跨国并购的交易数量、交易金额已经取得了重大突破，而 2016 年我国企业跨国并购的数量将会达到前所未有的顶峰值，交易金额也会达到 2015 年交易金额的 3 倍之多。

第二节　企业跨国并购金融支持现状

2014 年 12 月 24 日，国务院总理李克强主持召开常务会议，会议

将"加大金融支持企业走出去力度"提上日程，会议认为加大金融支持企业走出去，无论是从国际层面还是国内层面来看都具有重要意义。从国际角度来看，金融助推企业走出国门，实现了产能转移、产能合作，优化了发展空间布局，间接地提高了国内产品的国际竞争实力；从国内角度来看，加大金融支持力度可以更加有效地改变外贸结构，同时带动了金融服务业、制造业，尤其是装备制造业，从中低端水平向中高端水平提升。因此，加大金融支持企业走出去与我国当前稳增长、调结构的宏观经济政策有着高度的契合性。会议具体研究了三方面的金融支持措施，从简化程序、拓宽渠道、健全体系等多个层面，在政策性金融机构、商业性金融机构和非银行类金融机构等多个领域进行了部署，例如鼓励商业银行加大对装备制造业的支持；加强政策性金融机构的专有支持力度；创新融资渠道，将基金、债权模式引入支持企业走出去的进程中来；增强出口保险行业对企业的支持力度等一系列举措，可以说此次国务院常务会议将"金融支持企业走出去"提升到了一个新的高度。

一 企业跨国并购政策性金融支持现状

从当前我国企业"走出去"过程中参与的政策性金融支持机构来看，主要包括政府金融主管部门或相关部门、政策性银行、政策性保险公司等机构。具体而言，政府金融主管部门，主要涉及中国人民银行、外汇管理局、各省市金融工作办公室（地方金融监管局）、银监会、证监会、保监会，以及商务部、各省商业厅等相关支持部门；涉及的政策性银行主要是以国家开发银行、中国进出口银行为主，政策性保险公司为我国唯一承接政策性信用保险业务的中国出口信用保险公司。

（一）政府金融主管部门。近年来，以"一行三会"、商务部门为主要牵头单位出台了一系列关于金融支持企业"走出去"的政策文件,各省市人民银行、银监部门也相继组织开展多种金融支持企业"走出去"的宣传活动。以我国东部部分省份为例,2010 年 9 月,山东省人民政府出台了《关于加强金融服务促进经济发展方式转变的意见》,文件中明确指出加大金融机构对企业"走出去"的支持力度,完善跨境金融服务,为参与跨国并购的重点企业提供政策性银行与商业性银行、政策性保险与商业性保险为一体的服务保障体系。2011 年 4 月,浙江省商务厅、中国人民银行杭州中心支行、国家外汇管理局浙江省分局出台加大浙江省金融机构支持企业"走出去"的通知,通知要求继续加大对重点跨国投资项目的资金支持,发挥浙江省国企投融资平台与民间融资的传统优势,政策性保险公司要针对参与跨国并购的企业给予信用支持,推动第三方担保机构对企业跨国并购的支持,驻浙金融机构要围绕浙江省企业海外投资的特点,针对相对跨国并购集中的国家及地区增设服务网点,进一步完善金融服务网络。2011 年 3 月和 5 月,山东省人民政府、国家外汇管理局山东省分局先后印发了《山东省关于企业兼并重组的意见》以及《关于进一步改进外汇管理支持全省涉外经济平稳较快发展的指导意见》,文件中提到,鼓励参与企业跨国并购的金融机构加大金融工具的创新力度,拓宽企业跨国并购、重组的贷款渠道,开发多品种贷款方式(并购专项贷款、股权质押贷款、境内外银团贷款),重点提到鼓励非银行金融机构(证券公司、信托机构、股权引导基金、资产管理公司)参与企业跨国并购,并首次提出建设并购专项基金来完善企业的并购融资模式。2012 年 7 月,江苏省两大政策性金融机构——中国进出口银行江苏省分行、中国出口信用保险公司江苏省分公司,共同为企业"走出去"提供金融支持,参与海外投资的企业在获得中国进出口银行江苏省分行项目贷款的同时,还将获得中国出口信用保险公司江苏省分公司的海外投资保险,这样政策性银行与政策性保险的双重金融支持为企业"走出去"提供了可靠的政策环境。2013 年 8 月 7 日,山东省人民政府发布了《关于加快全省金融改革发展的若干意见》，又被称为"山东金改 22 条"，其中文件中第 16 条明确提出做好对"走出去"企业的金融服务，鼓励金融机构为企业"走出去"提供融资担保平台，充分发挥商业性银行并购贷款服务、跨境人民币结算服务、股权融资服务，以及政策性保险公司的综合服务。2015 年，浙江省针对民营企业设立"走出去"战略专项资金，浙江省商务厅牵头成立"走出去"工作领导小组，加强政府层面的平台建设，另外浙江省商务厅联合浙江省发展和改革委员会、浙江省外汇管理局对参与跨国并购的企业实行外汇资金同意管理运营。2016 年 6 月 28 日山东省人民政府出台了《关于金融支持实体经济发展的意见》，该意见针对并购资金来源渠道提出了新要求，鼓励采用股票、基金、债券等融资工具来开拓并购融资渠道，鼓励股权投资基金、产业投资基金参与企业跨国并购。江苏省作为我国制造业第一大省，于 2016 年 9 月 5 日出台了《省政府关于金融支持制造业发展的若干意见》，该文件中明确提出支持工业企业"走出去"以及支持制造业兼并重组，允许符合一定条件的企业采用发行企业债券或者可转换债券的方式来筹集并购资金，鼓励金融机构对参与并购的企业进行综合授信。

（二）政策性金融机构。国家开发银行作为我国重要的政策性金融机构，在支持企业"走出去"过程中积极响应国家战略，服务经济外交大局，通过开发性金融方式重点支持中资企业参与海外投资并购。例如，国家开发银行总行融资支持中国化工集团收购法国安迪苏公司项目；国家开发银行总行支持江苏金昇公司收购德国埃马克公司股权；国家开发银行山东分行向山钢集团收购非洲铁矿项目发放贷款 12 亿美元、向潍柴动力收购德国凯傲项目发放贷款 8.5 亿欧元；国家开发银行青岛分行联合中非发展基金为中非棉业累计授信 1.25 亿美元。中国进出口银行作为我国海外投资、出口信贷的专业政策性金融机构，在"一带一路"建设方面以及支持中资企业"走出去"方面一直发挥着重要作用。例如,中国进出口银行总行为新闻出版企业"走出去"提供超过 200 亿元的政策性融资支持;山东分行结合山东重工集团海外融资需求,为山东重工集团"走出去"设计全方位金融服务方案,积极采用设备出口卖方信贷、境外投资贷款、境外中资企业发展贷款、转型升级贷款等信贷品种提供政策性金融支持;中国进出口银行浙江省分行与浙江省商务部门、财政部门注资超过 10 亿元共同发起成立针对浙江省中小企业"走出去"的融资服务平台;中国进出口银行江苏省分行联合江苏省发展和改革委员会、江苏省海外发展协会积极推动江苏省企业"走出去",近期中国进出口银行江苏省分行又开展与江苏亨通集团的国外业务合作,为亨通集团跨国并购、海外贸易往来提供政策性金融支持。中国出口信用保险公司作为我国唯一的政策性保险机构,在大陆企业海外投资的保险业务方面一直发挥着重要的金融支持作用,中国出口信用保险公司已累计支持企业融资达 2.5 万亿人民币,累计承保金融 2.7 万亿美元,成为中国企业"走出去"信用风险的稳定器,例如中国出口信用保险公司山东省分公司与山东省 17 个地市签约了战略合作规划,为全省各地市的上百家大中型企业提供了数百亿美元的政策性保险支持,其中包括青岛海尔、青岛海信、济钢集团等重点企业,拓宽了涉外企业的对外投资渠道,提供融资便利超过百亿元人民币;中国出口信用保险公司江苏省分公司针对无锡市中小企业召开业务咨询会,并与江苏省 14 家商业银行合作针对企业的海外投资提供政策性保险工具;中国出口信用保险公司浙江省分公司与地方政府部门、金融机构共同组建了企业投保平台,提升对企业"走出去"的支持力度。

二 企业跨国并购商业银行支持现状

商业银行作为金融支持企业跨国并购的核心机构,在参与"一带一路"建设、支持企业海外投资、跨境金融服务等多个层面发挥着至关重要的作用。中国工商银行在 2015 年参与企业"走出去"的项目多达 170 个，累计贷款高达 427 亿美元，其中支持企业跨国并购的 25 个项目累计贷款金额达到 218 亿美元，在大陆企业海外十大并购项目中，中国工商银行有 6 个并购项目担任银团牵头银行或者独家融资银行，融资金额达 100 亿美元。今年中国工商银行参与海南航空并购瑞士国际空港服务公司（Swissport），工行提供了高达 9.1 亿美元的银团贷款，而这一数字也是近年来国内航空集团并购金额最大的一笔业务；中国工商银行上海分行采用内外资源整合的方式，为上海自贸区现代集团跨国并购美国威尔逊公司提供了 3000 万美元的贷款；目前中国工商银行已经与国内外多家 PE 公司开展跨境金融业务的合作，打造跨国并购基金项目平台，为企业"走出去"提供股权融资支持。

中国银行作为我国国际化程度最高的银行，凭借其遍布全球的分支机构和出色的国际结算业务，在助理企业"走出去"的过程中一直扮演着极其重要的角色，随着"一带一路"建设的不断推进，截至 2016 年上半年，中国银行已经累计支持中资企业"走出去"项目 2334 个，提供融资金额高达 1644 亿美元，其中跨国并购项目 193 个，并购融资金额达 590 亿美元。2014 年 9 月在中国银行江苏省分行的金融支持下，南京新街口百货商店股份有限公司收购英国老牌连锁百货公司 House of Fraser 89% 的股权，这次跨国并购项目可以说是国内商业银行在金融支持企业海外并购的一个典型成功案例，同时该项目涉及的高达 1.55 亿英镑的交易金额也是近年来中资百货企业中最大的一笔。此次中国银行江苏省分行采用国内国外联动的模式，首一方面先为南京新街口百货商店股份有限公司授信 8000 万英镑的并购贷款用来完成并购初步交易；另一方面中国银行江苏省分行牵头银团贷款为瑞士国际空港服务公司提供了 3 亿英镑的债务再融资，最终促成了这次跨国并购项目。2016 年中国银行江苏省分行与 12 家参与海外投资的企业签订了全面合作协议，金融支持江苏扬州亚美股份完成了本市最大的跨国并购项目；2016 年 1 月中国银行作为牵头行、银团代理行、抵押品代理行的身份，助力海南航空集团子公司——渤海租赁有限公司，并购了美国 Avolon 飞机租赁公司，该交易的并购金额达到 26.6 亿美元，其中有 18.55 亿美元来自于中国银行的银团贷款；2016 年 5 月，中国银行宁波分行联合中国银行纽约分行、中银国际证券共同支持浙江省宁波市均胜电子并购美国汽车安全制造公司 KSS，此次并购的交易金额约为 9.2 亿美元，其中中国银行作为牵头行为宁波均胜电子提供了约 5.52 亿美元的银团贷款；截至 2016 年 10 月末中国银行烟台市分行为本市参与跨境投资的中小企业累计融资超过 50 亿元，并创建"中小企业跨境撮合"的新型服务平台，为中小企业"走出去"提供贷款支持、信箱咨询、风险规避等金融业务支持。

拓宽海外业务是新形势下国有商业银行的重点任务之一，中国建设银行 2015 年跨境人民币结算金额达到 1.84 万亿美元，重点对企业跨国并购进行全方位的金融支持。2016 年 2 月中国建设银行作为牵头银行成功助力中国信达集团并购南洋商业银行 390 亿银团贷款，这一金额是中国银行业历史上最大的跨国并购融资金额；2015 年 3 月中国化工橡胶公司并购意大利倍耐力公司，此次收购被称为中国制造业历史上最大的跨国并购交易，中国建设银行在此次跨国并购中以牵头行的身份联合意大利当地银行进行银团贷款；中国建设银行深圳分行通过产品创新，采用跨境融资性风险参与的方式为我国某集装箱企业"走出去"提供 8400 万美元贷款；2016 年 6 月中国银行云南省分行创建"泛亚跨境金融中心"为云南省企业对接东南亚国家的重点项目提供综合性金融服务。

除了国有商业银行积极参与企业跨国并购之外，部分股份制商业银行也逐渐支持企业"走出去"。近年来在人民币国际化以及中资企业"走出去"的政策环境下，招商银行以跨境金融业务为抓手，提出

"一路金融"战略为"一带一路"倡议下中国企业海外投资给予金融支持；中信银行将目标放在"走出去"的国内大型企业、跨国公司，为其打造统一的本外币区域资金管理与外汇风险管理系统，提供跨境现金管理业务，并参与中国南车财务有限公司、中国广核集团、江苏苏美达集团等企业的跨境金融业务；江苏银行是地方的法人银行，依靠江苏省出口外向型经济，涉及企业"走出去"的国际业务结算量超过了 500 亿美元，为上海鹏欣集团在南美洲、非洲等地跨国并购提供并购贷款 20 亿人民币，为江苏省中将集团在埃塞俄比亚的跨国投资项目提供 2300 万欧元的金融支持。

三　企业跨国并购非银行类金融支持现状

根据前文数据分析显示，近年来私募股权基金在企业海外投资中发挥的作用越来越重要，尤其私募股权基金在企业跨国并购中资本支持、智力支持的特点要比政策性银行、商业银行还要显著。从企业并购的手段来讲，私募股权基金作为一种金融性的并购手段介入，与传统的战略性并购手段有所区别：一是私募股权基金协助企业通过杠杆收购的形式完成融资，提升了企业的并购能力；二是私募股权基金的介入，改善了并购企业的公司治理结构。虽然我国企业在"走出去"道路上的融资渠道越来越多元化，但近八成的企业在参与跨境并购都会存在本金不足的境况，而私募股权基金可以弥补并购企业的资本金不足的劣势，同时也可以为其提供专业的并购经验。例如，中信产业基金支持三一重工以 3.6 亿欧元并购德国普茨迈斯特公司；弘毅投资管理顾问有限公司支持中联重科以 2.7 亿元收购意大利 CIFA 公司；上海市于 2013 年 11 月专门成立了我国首个跨国并购基金（基金规模约 50 亿），为企业跨国并购专业的融资服务平台。另外，四大国际会计师事务所依靠其在并购咨询、实务操作方面的出色经验，为中资企业"走出去"也提供了智力支持。例如，2016 年普华永道协助青岛海尔集团并购美国通用电气的部分业务，在此次跨国并购项目中，普华永道充当着财务顾问、项目管理的角色，一是负责并购过程中的评估工作、交易谈判工作、资金交割等咨询业务的事宜；二是负责并购前后的财务审计、税务调查、商业环境调查等方面的事宜，为青岛海尔集团并购提供智力支持；2016年1月安永正式加入江西省企业"走出去"联盟，为江西省参与"走出去"的联盟企业提供众多服务，包括跨国并购人才队伍的培育、并购战略咨询与智力支持、风险管理业务咨询、财务会计业务咨询等内容；2016年10月武汉市商务局联合德勤举办中国企业"走出去"研讨会，主要为当地企业在并购实务、金融风险防范、政策解读等方面进行智力支持。

本章通过对企业并购以及金融支持的现状进行详细的分析，对不同并购交易数量和金额、不同企业性质、不同行业、不同目标国家的跨国并购案例有了细致的对比分析，发现国有企业的跨国并购在交易数量和交易金额在前三年呈增长趋势，但近两年增速有所放缓；相较而言，民营企业、财务投资者以及私募股权基金在跨国并购的行为表现突出。另外，本章通过搜集大量的背景材料对政策性金融支持现状、商业银行支持现状和非银行金融机构支持现状进行了分析，为下文的绩效分析和实证分析提供依据。

第五章　企业跨国并购金融支持的
绩效分析
——以鲁、苏、浙为例

通过前文的理论和研究和现状分析，我们对金融支持企业跨国并购的机制以及近几年企业跨国并购金融支持的现状有了深入的理解，在此基础上，本章以山东、江苏、浙江三个省份为例来对企业跨国并购金融支持的绩效进行分析，主要研究思路如下：首先通过 TFAHP 模型对企业跨国并购金融支持体系进行构建，然后通过金融支持体系对样本企业进行不同金融支持度的划分，进而采用分类 DEA 模型和 Metafrontier – SFA 模型对样本企业的绩效进行测算，从而分析并购企业的绩效与金融支持度之间的内在联系，并对企业跨国并购不同金融支持方式的绩效进行研究。

第一节　企业跨国并购金融支持体系的构建

为了更加深入地分析金融支持企业跨国并购的情况，本节基于 TFAHP 模型将"金融支持"这一模糊概念进行了量化分析。本章通过构建企业跨国并购金融支持的综合评价体系，对企业跨国并购过程中政策性金融支持、商业银行支持、非银行金融机构支持等多方面的金融支持方式进行了测度，进而判断不同种类金融支持方式的效用，能够更加全面地分析并购企业的金融支持度的强弱，为金融支持中国企业"走出去"提供更有针对性的参考依据，也为下一步的绩效分析奠定基础。

一 企业跨国并购金融支持体系的基本框架

本章首先运用层次分析法（AHP）构建了企业"走出去"金融支持体系的基本框架（见表 5-1），该框架涵盖了三个层次：目标层、因素层、指标层。其中第一层目标层是指企业跨国并购的金融支持体系；第二层目标层次之下是因素层，主要涵盖金融支持体系的分类因素；第三层为指标层，结合前文的现状分析及跨国并购金融支持的案例，本章将政策性金融支持划分为三个指标（参与机构数量、融资金额、政策力度），将商业银行支持划分为三个指标（参与机构数量、配套金融服务、融资金额），将非银行金融机构支持划分为三个指标（参与机构数量、金融服务程度、融资金额）。

表 5-1　　　　　　　企业"走出去"金融支持体系基本框架

因素层	指标层	指标含义
政策性金融支持 A	参与企业"走出去"政策性金融机构数量 A1	国家开发银行、中国进出口银行、中国出口信用保险公司等机构参与的数量，反映政策性金融支持力度
	企业"走出去"融资金额（政策性）A2	相关政策性金融机构提供的授信额度、并购贷款、承包规模等融资支持的金额数目，反映政策性金融的投入力度
	政策扶持力度 A3	各地政府部门、政策性金融机构针对企业"走出去"出台的政策，反映政策性金融支持力度

因素层	指标层	指标含义
商业银行支持 B	企业"走出去"商业性金融机构数量 B1	国有大型商业银行和部分股份制商业银行等机构参与的数量，反映商业银行支持力度
	商业银行配套金融服务程度 B2	各商业银行出口信贷、结构化融资、经营性贷款项目、跨境结算等针对企业跨国并购的配套金融服务，反映商业银行对企业"走出去"配套金融服务的程度
	企业"走出去"融资金额（商业性）B3	商业银行并购贷款、授信额度的金额数目，反映商业性金融的投入力度
非银金融机构支持 C	企业"走出去"的非银行金融机构数量 C1	财务顾问公司、四大会计师事务所、资产评估机构、私募股权基金公司等金融机构参与的数量，反映非银行金融机构支持力度
	非银行金融机构服务程度 C2	私募基金公司的融资金额大小、会计师事务所、财务顾问公司等咨询类机构的并购咨询服务质量，非银行金融机构服务程度
	企业"走出去"融资金额（非银行金融机构）C3	部分私募股权基金公司向企业提供的融资金额，反映非银行金融机构的投入力度

二　基于 TFAHP 模型的金融支持体系量化

基于 TFAHP 模型对企业跨国并购的金融支持体系进行量化分析具体包括以下几个方面。

（一）指标层各金融支持指标比较标度准则

为了更准确地对金融支持的模糊概念进行量化分析，需要对不同金融支持方式的各类指标进行评价。本书采用专家打分的相对重要程度指标，参考了周平（2004）提出的因素比较标度方法，划分了6个标度区间，建立了如下金融支持指标比较标度准则，从而对不同的金融支持要素进行横向对比。具体分类准则见表5-2：

表5-2　　　　　　　各金融支持指标比较标度准则

标度	示　意
0.1—0.4	反比较，当因素 i 与 j 比较得到时，因素 j 与 i 得到
0.5	两因素相比较，具有相同的重要性
0.6	两因素相比较，一个因素比另一个因素稍微重要
0.7	两因素相比较，一个因素比另一个因素显著重要
0.8	两因素相比较，一个因素比另一个因素强烈重要
0.9	两因素相比较，一个因素比另一个因素极端重要

（二）构建综合三角模糊判断矩阵和 Fuzzy 判断矩阵

假设影响因素有 N 个，评审专家有 S 位，将金融支持基本框架中指标层的各三级指标纳入专家评审表进行分析，通过评审专家对指标层各三级指标之间的横向比对，进而对各个指标的相对重要程度进行了依次排序，构建 Fuzzy 判断矩阵集为：

$$\{A^k \mid A^k = (a_k^k)_{nxn} = (l_{ij}^k, m_{ij}^k, u_{ij}^k)_{nxn}, k = 1, 2, \cdots, s\} \quad (5.1)$$

将专家评审结果汇总得到综合三角模糊判断矩阵为：

$$A = a_{ij} = \frac{1}{s}(a_{ij}^1 \oplus a_{ij}^2, \cdots, a_{ij}^3) = \left(\frac{\sum_{k=1}^{s} l_{ij}^k}{s}, \frac{\sum_{k=1}^{s} m_{ij}^k}{s}, \frac{\sum_{k=1}^{s} u_{ij}^k}{s}\right) \quad (5.2)$$

（三）量化各金融支持指标的综合重要程度

在计算出综合三角模糊判断矩阵后，对综合三角模糊判断矩阵进行形式转换，并利用公式（5.3）计算出金融支持指标层相关指标排序的三角模糊向量集，从而对不同金融支持指标的综合重要程度进行量化分析，式（5.3）中 S 表示不同金融支持指标的综合重要程度。

$$S_i = \sum_{j=1}^{n} / \sum_{i=1}^{n} \sum_{j=1}^{n} a_{ij} = \left(\frac{\sum_{j=1}^{n} a_{ij}^{l}}{\sum_{i=1}^{n} \sum_{j=1}^{n} a_{ij}^{u}}, \frac{\sum_{j=1}^{n} a_{ij}^{m}}{\sum_{i=1}^{n} \sum_{j=1}^{n} a_{ij}^{m}}, \frac{\sum_{j=1}^{n} a_{ij}^{u}}{\sum_{i=1}^{n} \sum_{j=1}^{n} a_{ij}^{l}} \right) \tag{5.3}$$

（四）计算各项金融支持指标的相对重要程度

在对不同金融支持指标的综合重要程度量化分析后，再对同一指标层的各项指标进行排序，用公式（5.4）计算出各项金融支持指标相互间的相对重要程度 V（$S_i \geqslant S_j$）。

$$\begin{cases} \text{当 } b^l \geqslant a^u \text{ 时，} V\ (a>b)\ =0 \\ \text{当 } a^m < b^m \text{ 且 } a^u > b^l \text{ 时，} V\ (a>b)\ = \dfrac{a^u - b^l}{(b^m - a^m)\ +\ (b^u - b^l)} \\ \text{当 } a^m \geqslant b^m \text{ 时，} V\ (a>b)\ =1 \end{cases} \tag{5.4}$$

（五）计算各项金融支持指标的权重向量

由公式（5.4）可得到各金融支持指标重要程度的相对可能性 d_i：

$$d^i = V\ (S_i > S_1,\ S_2,\ \cdots,\ S_n)\ = \min V\ (S_i > S_k)。$$
$$k = 1,\ 2,\ \cdots,\ n \text{ 且 } k \neq i。 \tag{5.5}$$

由公式（5.5）可得到各项金融支持指标单排序向量 $w' = [d_1, d_2, \cdots, d_n]^T$，再进行统一化处理（$w_i = \dfrac{d_i}{\sum_{i=1}^{n} d_i}$，$i = 1,\ 2,\ \cdots,\ n$），可计算出各项金融支持指标的权重向量 $w = [w_1,\ w_2,\ \cdots,\ w_n]^T$。

（六）确定各项金融支持指标的综合排序向量

金融支持指标排序是按照指标层各三级指标相对于目标层的重要程度进行排序。通过权重向量 $w = [w_1,\ w_2,\ \cdots,\ w_n]^T$ 的叠加计算，可得到指标层各指标相对于目标层的因素单排序权重向量 $C = (C_1, C_2,\ \cdots,\ C_n)$，进而确定各项金融支持指标的综合排序向量 W（w_i）wC。

（七）计算各金融支持指标的综合得分 r_i^e

采用德尔菲法（Delphi method）的指数统计分析方式进行测算，设专家

对某一指标选择"优""良""中""差"的人数记为 N_1、N_2、N_3、N_4，总人

数为 N，则该指标得分为 $r_i^e = \dfrac{(100 \times N_1 + 75 \times N_2 + 50 \times N_3 + 25 \times N_4)}{N}$。根据公

式（5.6）可计算出二级指标的综合得分 Z。

$$Z = \sum_{i=1}^{n} r_i^e w^i \tag{5.6}$$

三 金融支持指标综合排序分析

（一）因素层三角模糊判断矩阵构建

首先是原始数据的获取，本书通过问卷调查的形式采集相关数据
（问卷调查表见附录 B），我们共发出问卷 200 份，回收问卷 163 份，其中
有效问卷 154 份，有效率为 77%，问卷调查的对象为相关领域内专家，
专家组一般为相关政府部门、国有商业银行、高等院校或科研院所的专
家学者。

初步设定参与评审专家人数为 3 人，在对所获取的数据经过检验处
理之后，通过专家打分情况构建政策性金融支持、商业银行支持、非银
行金融机构支持的三角模糊判断矩阵如表 5 - 3 所示：

表 5 - 3　　　　　　　　金融支持三角 Fuzzy 判断矩阵

政策金融支持	A1	A2	A3
A1	(0.5, 0.5, 0.5) — —	(0.1, 0.2, 0.3) (0.2, 0.3, 0.4) (0.1, 0.2, 0.3)	(0.2, 0.3, 0.4) (0.3, 0.4, 0.5) (0.4, 0.5, 0.6)
A2	(0.7, 0.8, 0.9) (0.6, 0.7, 0.8) (0.7, 0.8, 0.9)	(0.5, 0.5, 0.5) — —	(0.4, 0.4, 0.5) (0.3, 0.4, 0.4) (0.2, 0.3, 0.4)

续表

政策金融支持	A1	A2	A3
A3	(0.6, 0.7, 0.8) (0.5, 0.6, 0.7) (0.4, 0.5, 0.6)	(0.5, 0.6, 0.6) (0.6, 0.6, 0.7) (0.6, 0.7, 0.8)	(0.5, 0.5, 0.5) — —
商业银行支持	B1	B2	B3
B1	(0.5, 0.5, 0.5) — —	(0.2, 0.3, 0.4) (0.3, 0.4, 0.5) (0.4, 0.5, 0.6)	(0.1, 0.2, 0.3) (0.2, 0.3, 0.4) (0.1, 0.2, 0.3)
B2	(0.6, 0.7, 0.8) (0.5, 0.6, 0.7) (0.4, 0.5, 0.6)	(0.5, 0.5, 0.5) — —	(0.5, 0.6, 0.6) (0.6, 0.6, 0.7) (0.6, 0.7, 0.8)
B3	(0.7, 0.8, 0.9) (0.6, 0.7, 0.8) (0.7, 0.8, 0.9)	(0.4, 0.4, 0.5) (0.3, 0.4, 0.4) (0.2, 0.3, 0.4)	(0.5, 0.5, 0.5) — —
非银金融支持	C1	C2	C3
C1	(0.5, 0.5, 0.5) — —	(0.7, 0.7, 0.8) (0.5, 0.5, 0.6) (0.6, 0.6, 0.7)	(0.3, 0.4, 0.5) (0.3, 0.4, 0.4) (0.4, 0.5, 0.5)
C2	(0.2, 0.3, 0.3) (0.4, 0.6, 0.6) (0.3, 0.4, 0.4)	(0.5, 0.5, 0.5) — —	(0.1, 0.2, 0.3) (0.2, 0.3, 0.4) (0.1, 0.2, 0.3)
C3	(0.5, 0.6, 0.7) (0.6, 0.7, 0.7) (0.5, 0.5, 0.6)	(0.7, 0.8, 0.9) (0.6, 0.7, 0.8) (0.7, 0.8, 0.9)	(0.5, 0.5, 0.5) — —

我们假定评估专家判断能力相当，并赋予相同权重，即

$\left(\dfrac{1}{3}, \dfrac{1}{3}, \dfrac{1}{3}\right)$，由此可计算出金融支持综合三角 Fuzzy 矩阵，如表 5 - 4 所示：

表 5 - 4　　　　　　　　金融支持综合三角 Fuzzy 判断矩阵

政策金融支持	A1	A2	A3
A1	(0.5, 0.5, 0.5)	(0.13, 0.23, 0.33)	(0.3, 0.4, 0.5)
A2	(0.67, 0.77, 0.87)	(0.5, 0.5, 0.5)	(0.3, 0.37, 0.43)
A3	(0.5, 0.6, 0.7)	(0.57, 0.63, 0.7)	(0.5, 0.5, 0.5)
商业银行支持	B1	B2	B3
B1	(0.5, 0.5, 0.5)	(0.3, 0.4, 0.5)	(0.13, 0.23, 0.33)
B2	(0.5, 0.6, 0.7)	(0.5, 0.5, 0.5)	(0.57, 0.63, 0.7)
B3	(0.67, 0.77, 0.87)	(0.3, 0.37, 0.43)	(0.5, 0.5, 0.5)
非银金融支持	C1	C2	C3
C1	(0.5, 0.5, 0.5)	(0.6, 0.6, 0.7)	(0.33, 0.43, 0.47)
C2	(0.3, 0.43, 0.43)	(0.5, 0.5, 0.5)	(0.13, 0.23, 0.33)
C3	(0.53, 0.6, 0.63)	(0.67, 0.77, 0.87)	(0.5, 0.5, 0.5)

（二）金融支持指标综合排序分析

按照公式（5.3）依次计算出政策性金融支持、商业银行支持、非银行金融机构支持的各指标排序（见表 5 - 5）：

表 5 - 5　　　　　　　　金融支持各指标排序

政策性金融支持指标排序		商业银行支持指标排序		非银金融支持指标排序	
S_1	(0.093, 0.101, 0.146)	S_4	(0.098, 0.107, 0.147)	S_7	(0.092, 0.131, 0.148)

政策性金融支持指标排序		商业银行支持指标排序		非银金融支持指标排序	
S_2	(0.163,0.241, 0.172)	S_5	(0.143,0.171, 0.156)	S_8	(0.099,0.106, 0.135)
S_3	(0.085,0.121, 0.142)	S_6	(0.113,0.101, 0.090)	S_9	(0.183,0.161, 0.241)

利用公式（5.4）和公式（5.5）计算政策性金融支持、商业银行支持、非银行金融机构支持指标单排序向量分别为 $W_A' = $（0.743，0.950，0.836），$W_B' = $（0.643，0.821，0.933），$W_C' = $（0.553，0.876，0.822）。通过归一化处理可以计算出政策性金融支持、商业银行支持、非银行金融机构支持指标权重向量 $W_A = $（0.294，0.376，0.330），$W_B = $（0.268，0.342，0.390），$W_C = $（0.245，0.389，0.366）。我们假设政策性金融支持、商业银行支持、非银行金融机构支持在目标层的权重相同，即赋予因素层三因素各权重，那么可计算出各金融支持指标相对于目标层的综合排序向量如表5-6所示：

表 5 - 6　　　　　　　金融支持各指标综合权重

政策性金融支持	综合权重	商业性金融支持	综合权重	非银金融支持	综合权重
A1	0.07	B1	0.11	C1	0.10
A2	0.17	B2	0.14	C2	0.11
A3	0.09	B3	0.08	C3	0.12

四　TFAHP 模型案例模拟

根据上文构建的企业"走出去"金融支持体系，从中国企业跨国并购数据库选取3家样本公司 A、B、C 进行案例模拟。根据数据库资料及相关调研情况，A 企业获得的政策性金融支持相对较大，B 企业获得的商业银行支持相对较大，C 企业获得的非银金融支持相对较大，由此根据不同金融机构对 A、B、C 3 家企业的金融支持情况测算各企业的金融支持度综合排序（表 5－7）。

表 5－7　　　　　　　　各企业金融支持分值

因素层	指标层	企业 A	企业 B	企业 C
政策性金融支持	机构数量	87.13	69.77	51.93
	融资金额	79.22	63.29	53.09
	政策力度	89.01	50.12	58.44
商业银行支持	机构数量	62.35	88.62	52.20
	金融服务	59.77	84.09	61.33
	融资金额	64.23	80.28	60.24
非银行金融机构支持	机构数量	49.88	52.37	91.21
	服务程度	54.72	59.19	88.75
	融资金额	59.01	61.46	90.32

根据上表各企业的金融支持分值可计算出企业综合得分向量 W＝（67.26，67.69，67.50），因此按照最优化原则，B 企业的综合得分最高即其金融支持度最高；C 企业的金融支持度居中；A 企业的金融支持度最低。具体而言，虽然 3 家企业各自在某一方面的金融支持上都具有一定的比较优势，但 A 企业和 C 企业分别在非银行金融机构支持、政策性金融支持方面存在明显短板，参与 A 企业的私募股权基金机构数量较少，参与 C 企业的政策性银行及商业银行机构数量都较少，因而总体的金融支持度较低。相较而言，B 企业的金融支持类型相对均衡，政策性银行的机构参与数量和融资金额并没有存在较大的劣势，另外在商业银行支持方面突出，因而总体的金融支持度最大。

第二节　绩效评价模型选取与方法介绍

目前金融支持企业跨国并购绩效测算的主流方法是生产前沿分析，生产前沿分析是在技术水平一定的情况下，不同的投入指标所能产出的最优集合，是对经济系统中最优生产行为的描述。生产前沿分析一般用前沿生产函数来表示，前沿生产函数根据研究方法的不同以及生产函数的形式不同可以划分为非参数分析方法和参数分析方法，非参数分析方法的主要研究方法是数据包络分析法（Data Envelope Analysis，DEA），参数分析方法的主要研究方法是随机前沿分析法（Stochastic Frontier Analysis，SFA）。作为绩效评价的两种常用方法，数据包络分析（DEA）和随机前沿分析（SFA）已经在经济领域、工业领域、医疗领域等多个领域广泛应用，由于研究领域的不同，我们无法给出一个直观的判断究竟 DEA 方法测算效果好还是 SFA 方法测算效果好。从目前两种方法的使用情况来看，数据包络分析和随机前沿分析各有优劣，两种模型在各个领域也都被得到了广泛的应用，因此本书针对山东、江苏、浙江三省的样本企业跨国并购金融支持的绩效分析，为了使绩效评价结果更有说服性，本章同时采用了分类 DEA 模型和 Metafrontier – SFA 模型两种绩效测算模型，用数据包络分析和随机前沿分析相结合的方法进行对比研究，从而使测算结果更加科学、准确。

一　分类 DEA 模型

（一）DEA 方法概述

数据包络分析（Data Envelopment Analysis，DEA）是一种基于被评价对象间相对比较的非参数技术效率分析方法，DEA 将效率的测度对象称为决策单元（Decision Making Unit，DMU），DMU 可以是任何具有可测量的投入、产出（或输入、输出）的部门，DEA 通过对每组 DMU 进行分析，将这些 DMU 的效率值进行排序来判断相对有效性。基本原理如下：假设对一组共有 n 个 DMU 的技术效率进行测度，将该组 DMU 记为 DMU_j （$j=1, 2, \cdots, n$）；每个 DMU 有 m 种投入，记为 x_i （$i=1, 2, \cdots, m$），投入的权重表示为 v_i （$i=1, 2, \cdots, m$）；q 种产出，记为 y_r （$r=1, 2, \cdots, q$），产出的权重表示为 u_r （$i=1, 2, \cdots, q$）。当前要测量的 DMU 记为 DMU_k，其产出投入比表示为：

$$h_k = \frac{u_1 y_{1k} + u_2 y_{2k} + \cdots + u_q y_{qk}}{v_1 x_{1k} + v_2 x_{2k} + \cdots + v_m x_{mk}} = \frac{\sum_{r=1}^{q} u_r y_{rk}}{\sum_{i=1}^{m} v_i x_{ik}} \quad (v \geq 0; u \geq 0) \quad (5.7)$$

附加条件：将所有 DMU 采用上述权重得出的效率值 θ_j 限定于区间 $[0, 1]$ 内，即：

$$\frac{\sum_{r=1}^{q} u_r y_{rj}}{\sum_{i=1}^{m} v_i x_{ij}} \quad (5.8)$$

因此最初的 DEA 模型表示为：

$$\begin{cases} \max \dfrac{\sum_{r=1}^{q} u_r y_{rk}}{\sum_{i=1}^{m} v_i x_{ik}} \\ s.t. \ \dfrac{\sum_{r=1}^{q} u_r y_{rj}}{\sum_{i=1}^{m} v_i x_{ij}} \leq 1 \\ v \geq 0; u \geq 0 \\ i=1, 2, \cdots, m; r=1, 2, \cdots, q; j=1, 2, \cdots, n \end{cases} \quad (5.9)$$

这一模型的含义在于，在使所有 DMU 的效率值都不超过 1 的条件下，使被评价 DMU 的效率值最大化。式（5.7）存在两个问题，一是该模型是非线性规划；二是存在无穷多个最优解，那么假设向量 u^* 和 v^* 是模型

（5.9）的一个最优解，则 tu^* 和 tv^* 肯定也是模型（5.9）的最优解（$t>0$）。

由于 $\sum_{i=1}^{m} v_k x_{ij} > 0$，模型（5.9）的约束等价于：

$$\text{s. t.} \sum_{r=1}^{q} u_r y_{ij} - \sum_{i=1}^{m} v_i x_{ij} \leq 0 \tag{5.10}$$

令 $t = \dfrac{1}{\sum\limits_{i=1}^{m} v_i x_{ik}}$，则模型（5.9）的目标函数变为：

$$\max t \sum_{r=1}^{q} u_r y_{rk} = \sum_{r=1}^{q} t u_r y_{rk} \tag{5.11}$$

再令 $\mu = tu$，$v = tv$①，非线性模型（5.9）变换为等价的线性规划模型：

$$\begin{cases} \max \sum\limits_{r=1}^{q} u_r y_{rk} \\[2mm] \text{s. t.} \sum\limits_{r=1}^{q} u_r y_{rj} - \sum\limits_{i=1}^{m} v_i x_{ij} \leq 0 \\[2mm] \sum\limits_{i=1}^{m} v_i x_{ik} = 1 \\[2mm] v \geq 0;\ u \geq 0 \end{cases} \tag{5.12}$$

$i = 1, 2, \cdots, m$；$r = 1, 2, \cdots, q$；$j = 1, 2, \cdots, n$

模型（5.12）的对偶模型为：

$$\begin{cases} \min \theta \\[2mm] \text{s. t.} \sum\limits_{j=1}^{n} \lambda_j x_{ij} \leq \theta x_{ik} \\[2mm] \sum\limits_{j=1}^{n} \lambda_j y_{rj} \geq y_{rk} \\[2mm] \lambda \geq 0 \\[2mm] i = 1, 2, \cdots, m;\ r = 1, 2, \cdots, q;\ j = 1, 2, \cdots, n \end{cases} \tag{5.13}$$

---

① 式中等号前面使用的是希腊字母和，等号后面使用的是英文字母 u 和 v，采用不同的字母是因为变换后的模型和之前的模型是两个不同的线性规划，虽然其目标函数最优解相等。

在模型（5.12）中，投入和产出权重系数与投入和产出在形式上是乘数和被乘数的关系，模型（5.12）通常被称为 DEA 的乘数形式，对偶模型（5.9）确定的前沿为形似包络，将所有 DMU 包裹在内，通常称为 DEA 的包络形式。

（二）超效率 DEA 模型

在 DEA 模型中，当投入和产出的变量较多时，往往会出现多个有效 DMU 相同且等于 1 的情况，为了进一步区分 DMU 的效率，托恩（Tone K，2002）提出了 SBM 超效率模型，其核心就是从生产可能性集（PPS）中删除被评价的有效 DMU，然后度量 DMU 到 PPS 的距离即是超效率，具体如图 5-1 所示：

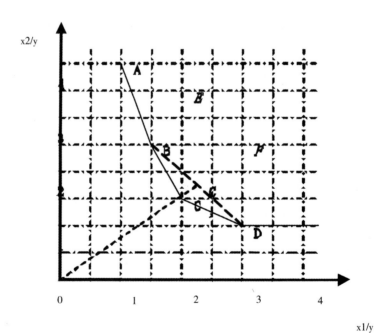

图 5-1　超效率模型示意图

如图 5-1 所示，在标准效率模型即 DEA 的 CCR 模型中，A、B、C、D 四个有效 DMU 构成效率前沿，现在以分析 C 的超效率为例。C 的超效率是参考由除 C 以外的其他 DMU 构成的前沿，即 ABD，C 在该前沿上的投影点为 C′①，那么 C 的效率优于 C′，C 与其投影点 C′相比，其效率超出的部门反映为 CC′，其超效率值 $\theta^* = OC'/OC1$。

非角度的 CRS SBM 超效率模型表示为：

$$\begin{cases} \min\rho_{SE} = \dfrac{\dfrac{1}{m}\displaystyle\sum_{i=1}^{m}\overline{x}_i/x_{ik}}{\dfrac{1}{s}\displaystyle\sum_{r=1}^{s}\overline{y}_r/y_{rk}} \\[3ex] \text{s. t. } \overline{x}_i \geqslant \displaystyle\sum_{j=1,j=k}^{n} x_{ij}\lambda_j \\[3ex] \overline{y}_r \leqslant \displaystyle\sum_{j=1,j=k}^{n} y_{ij}\lambda_j \\[3ex] \overline{x}_i \geqslant x_{ik} \\[2ex] \overline{y}_r \leqslant y_{rk} \\[2ex] \lambda,\ s^-,\ s^+,\ \overline{y} \geqslant 0 \\[1ex] i = 1,\ 2,\ \cdots,\ m;\ r = 1,\ 2,\ \cdots,\ q;\ j = 1,\ 2,\ \cdots,\ n\ (j \neq k) \end{cases} \quad (5.14)$$

传统的 DEA 模型如 CCR 模型和 BCC 模型大多是径向、角度的，松弛变量问题为纳入考虑，SBM 模型属于 DEA 中非径向、非角度的度量方法，因此本章采用非径向非角度超效率模型来对样本进行分析，不仅解决了松弛变量问题，而且解决了非期望产出下效率重叠问题，其科学性、实用性得到较大改进。

（三）分类 DEA 模型

分类 DEA 模型（Categorical DEA Model）是指对 DMU 进行效率评价时，需要考虑到不同组别 DMU 所处环境及属性的差别（如本书各样本企业在跨国并购中的金融支持力度不同），因此，需要将 DMU 划分成若干个属性相同的组（组数通常要大于 2），即把 DMU 分成若干层，再对其进行绩效评估。分类 DEA 模型分析的基本过程如下（以 3 种类

---

① 超效率模型的投影点也可能位于标准效率模型的前沿上。

别为例）。

首先，将 DMU 按一定次序分类（比如各样本企业在跨国并购中的金融支持力度），分类时必须标明1，2，3…类，而且各类之间的状况要从小到大排列，即类别1代表的是最差的环境（在本书中即无金融支持的企业），类别2代表的境况要稍好于类别1，以此类推；

其次，第1类 DMU 只在第1类内部进行 DMU 间的效率评价；

再次，第2类 DMU 参照第1类 DMU 和第2类 DMU 进行效率评价；

最后，第3类 DMU 的评价需要包络前两类 DMU 后，形成新的数据集共同进行测度。

分类 DEA 模型各类 DMU 内部的评价不拘于任何一种模型，在本书中，分类 DEA 模型的每一层次内部的绩效评价采用上节介绍的非径向超效率模型。

二 Metafrontier – SFA 模型

（一）SFA 方法介绍

随机前沿分析方法（SFA）是建立在投入（成本）、产出（利润）之间的一种生产函数形式，这种生产函数的特点是进行效率评价时将低效率项、随机误差项进行分离，同时将随机误差项的影响纳入计算之中，使得测算结果离散度比较小，结果更加真实有效。SFA 方法最早提出于1977年，当时艾格纳 Aigner、洛弗尔 Lovell、史密特 Schmidt（ALS），麦斯逊 Meesuen、布勒克 Broeck（MB）和巴特斯 Battese、卡拉 Corra（BC）几位学者分别在同一年提出了关于 SFA 最初的模型，模型表达式为：

$$Y = f(X, \beta) e^z = f(X, \beta) e^{v-\mu} \tag{5.15}$$

式（5.15）中 Y 代表产出，X 代表投入，β 代表参数，$\varepsilon = v - \mu$ 代表组合误差项，组合误差项包括两部分，一部分是随机误差项（v）；另一部分是无效率项（μ）。在组合误差项中，v 符合 $N(0, \delta_v^2)$ 分布，$0 <$

$TE < 1\mu$ 大于或等于零，单个企业的成本效率或技术效率为 $TE = e^{-\mu}$，具体分析如下：

$$\begin{cases} TE = e^{-\mu},\ 0 < TE < 1,\ \mu > 0\ \text{此时生产企业效率位于前沿面之下} \quad (5.16) \\ TE = e^{-\mu},\ TE = 1,\ \mu = 0\ \text{此时生产企业效率位于前沿面} \end{cases}$$

将式（5.15）左右两边同时取对数后，模型如下：

$$\ln y = \ln (X,\ \beta) + \varepsilon = \ln (X,\ \beta) + \nu - \mu \quad (5.17)$$

（二）SFA 模型的修正

1992 年巴特斯（Battese）和柯利（Coelli）两位学者在数据选择、随机误差项、时间因素等方面进行了优化，优化后的模型如下：

$$\begin{cases} Y_{it} = X_{it}\beta + \nu_{it} - \mu_{it} \\ i = 1,\ 2,\ 3,\ \cdots,\ N;\ t = 1,\ 2,\ 3,\ \cdots,\ T \\ \theta^2 = \sigma_\mu^2 + \sigma_\nu^2 \\ \gamma = \dfrac{\sigma_\mu^2}{\sigma_\mu^2 + \sigma_\nu^2} \end{cases} \quad (5.18)$$

该模型中 Y_{it} 和 X_{it} 的含义都没有发生变化，分别代表产出和投入，V_{it} 和 μ_{it} 的含义也没有变化，只是需要注意的是 μ_{it} 服从在 0 点的截尾正态分布 $N(\mu,\ \delta_\mu^2)$，$1 \times n$。这次模型的主要变化在于增加了 γ 参数，γ 参数代表无效率项在组合误差项中所占的比率，$0 \leqslant \gamma \leqslant 1$，$\gamma = 0$ 表示测算生产结果位于生产前沿线上，效率达到最优；$\gamma = 1$ 表示无效率项完全占据了实际结果与预期前沿结果的差值。该模型主要是选取非平衡的面板数据，这些数据也都服从正态分布，但这类模型的缺点在于无法分析个体样本相互之间的生产效率差异，有待进一步完善。

1995 年巴特斯和柯利两位学者在 1992 年的 SFA 模型的基础上又研究了更加优化的模型：

$$Y_{it} = X_{it}\beta + \nu_{it} - \mu_{it}\ (i = 1,\ 2,\ 3,\ \cdots,\ N;\ t = 1,\ 2,\ 3,\ \cdots,\ T)$$

虽然 1995 年的 SFA 模型与 1992 年的模型公式符号没有发生变

化，但无效率项 μ_{it} 并不是服从 N (μ, δ_μ^2) 分布，而是服从分布 N (m_{it}, δ_μ^2)，其中 $m_{it} = z_{it}\sigma$，z_{it} 是一个 $m \times 1$ 阶矩阵（影响生产效率的变量），σ 是一个 $1 \times n$ 阶矩阵（待估参数）。这次优化后的模型在数据处理上，既可以处理平衡面板数据也可以处理非平衡面板数据，克服了 1992 年 SFA 模型的缺点，不仅可以测试个体样本之间的效率差异，还可以测算一些变量对个体样本之间差异的影响。

（三）生产函数的选择

在随机前沿分析中，常见的生产函数有 Cobb – Douglas 生产函数、Translog 成本函数、固定弹性或者可变弹性成本函数等，在随机前沿模型中，由于 Cobb – Douglas 生产函数在参数估计、投入—产出分析方面较为方便，最常出现在随机前沿分析中。

最原始的 Cobb – Douglas 生产函数形式为：

$$C = AY^\alpha W^\beta e^{\mu + \nu} \tag{5.19}$$

将式（5.19）的等式两边同时取对数：

$$\ln C = \ln A + \alpha \ln Y + \beta \ln W + \nu + \mu \tag{5.20}$$

Cobb – Douglas 生产函数中由于无效率项 μ 的分布情况不确定，因此对各参数（$\ln A$、α、β）以及随机误差项 ν 的最大似然估计要根据情况而定，通过 LIMDEP 软件我们可以计算出不同分布下的平均低效率与个体低效率，如表 5 – 8 所示：

表 5 – 8   LIMDEP 软件对低效率项的估计

μ 的分布种类	平均低效率	个体低效率
指数分布（Expoential）	$E(\mu) = \dfrac{1}{\lambda}$	$E(\mu_i \mid \varepsilon_i) =$ $\sigma_\nu \left[\dfrac{\phi\left(\dfrac{\varepsilon_i - \sigma_\nu^2 \mu}{\sigma_\nu}\right)}{\phi\left(\dfrac{\varepsilon_i - \sigma_\nu^2 \mu}{\sigma_\nu}\right)} + \dfrac{\varepsilon_i - \sigma_\nu^2 \mu}{\sigma_\nu} \right]$

μ 的分布种类	平均低效率	个体低效率
半正态分布 （Half Normal）	$E\left(\mu\right)=\dfrac{\sqrt{2}\sigma_{\nu}}{\sqrt{\pi}}$	$E\left(\mu_i\mid\varepsilon_i\right)=\dfrac{\lambda\sigma}{1+\lambda}\left[\dfrac{\phi\left(\dfrac{\lambda\varepsilon}{\sigma}\right)}{\phi\left(\dfrac{\lambda\varepsilon}{\sigma}\right)}+\dfrac{\lambda\varepsilon}{\sigma}\right]$
截尾正态分布 （Truncate Normal）	$E(\mu)=\dfrac{\sigma_{\mu}}{\sqrt{2\pi}}e^{\frac{1}{2}(\frac{\mu}{\sigma_{\mu}})^2}\cdot$ $\left[\phi(\dfrac{\mu}{\sigma_{\mu}})\right]^{-1}+\mu$	$E(\mu_i\mid\varepsilon_i)=\dfrac{\lambda\sigma}{1+\lambda}\left[\dfrac{\phi\left(\dfrac{\dfrac{\mu}{\lambda}+\lambda\varepsilon_i}{\sigma}\right)}{\phi\left(\dfrac{\dfrac{\mu}{\lambda}+\lambda\varepsilon_i}{\sigma}\right)}+\dfrac{\dfrac{\mu}{\lambda}+\lambda\varepsilon_i}{\sigma}\right]$

（四）共同边界 Metafrontier 方法

2004 年巴特斯（Battese）又提出 Metafrontier 模型，Metafrontier 模型是在 SFA 模型的研究基础上，引入了共同边界思想来对不同群体的技术效率进行比较，并测算技术缺口比率。我们以最简单的一对一的投入—产出模型为例，如图 5-2 所示，图中 Frontier1 和 Frontier2 分别代表不同企业的生产边界，Metafrontier 是 Frontier1 和 Frontier2 的包络线，即该公共边界是由不同企业生产效率组合中最有效的生产单位所组成，通过 Metafrontier 方法可以对技术落差比率测算，从而用来衡量不同企业的生产技术水平以及个体技术差异。技术落差比率 TGR 的计算公式为：

TGR =（某企业在 Metafrontier 边界的技术效率）/（某企业在自身 Frontier 边界的技术效率）。

综上所述，随机前沿分析（SFA）可以分为随机前沿成本函数、随机前沿生产函数，两者的区别在于前者模型中组合误差项为 $\nu+\mu$，后者模型中组合误差项为 $\nu-\mu$。随机前沿成本函数是产出一定的情况

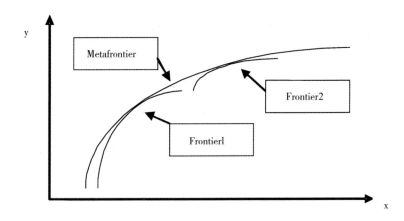

图 5 - 2　Metafrontier 模型

下，企业能够采用的最小成本；随机前沿生产函数在投入一定的情况，企业能够创造的最大产出。通过单个企业的技术效率与共同边界曲面的差值来确定决策单元的绩效。

三　分类 DEA 模型与 Metafrontier - SFA 模型的比较

（一）分类 DEA 模型的评价

分类 DEA 模型的测算是基于企业财务报表的数据真实的反映企业绩效情况，受主观因素影响较小，其具体优点如下：

第一，应用领域广泛。目前 DEA 模型在经济领域、工业领域、医疗领域等广泛应用，其不仅适用于多对多的投入—产出决策单元，而且不同企业之间的效率评价以及同一企业不同时期的效率评价都可以准确计算，所以数据可以涵盖时间序列数据、截面数据、面板数据。第二，结果准确性高。DEA 模型测算企业跨国并购绩效时将非有效的 DMU 剔除，从而降低了组合误差项带来的影响，保障了结果的准确性。第三，输出结果丰富。DEA 模型通常采用 MaxDEA 软件或者 DEA - Solver 软件进行测算，应用软件在结果输出方面除了测算出各样本 DMU 的有效得分之外，还能对非有效 DMU 的数量进行统计。

但是分类 DEA 模型在实际应用中也有一些不足之处：

第一，权重问题。DEA 模型所设置的投入指标（Input）往往会根据需要设置一定权重约束，每个样本 DMU 的设置权重都会或多或少地带有一定的主观倾向因素，所有 DEA 模型得到的权重结构可能就不够合理；第二，样本数量问题。分类 DEA 模型对样本数量的设置有要求，样本 DMU 个数必须大于或等于（投入变量个数 + 产出变量个数）×2，这并不意味着样本 DMU 数量越多越好，数据表明，当样本 DMU 数目过多时，模型测算的结果中会出现很多的最优结果，从而影响了最终的效率评价；第三，模型稳定性不强。DEA 模型在构造有效前沿面时容易受一些样本的异常点的影响，从而有效前沿面的形状会出现微小的偏差。

（二）Metafrontier – SFA 模型的评价

SFA 模型从最早的 1977 年第一代模型开始，经过 1992 年、1995 年第二代、第三代模型的完善，再到 2002 年、2004 年 Metafrontier 思想的引入，使得 Metafrontier – SFA 模型的测算水平和评价水平都得到很大的提升，该模型具体优点如下：

第一，模型自身稳定性强。个体样本企业的异常点对 Metafrontier – SFA 模型总体测算的结果影响并不大，因为 Metafrontier – SFA 模型可以很好地控制所有的投入与产出指标，稳定性比较强；第二，测算结果更加合理。根据 Metafrontier – SFA 模型的设计机理，Metafrontier – SFA 模型的函数将随机误差项与低效率项进行了分离，用效率残差来测算企业绩效的真实水平与最优边界的差值，使得结果更加合理、真实；第三，模型区分度较高。Metafrontier – SFA 模型是随机前沿函数的应用，随机前沿函数可以对每个样本企业的前沿进行测度，覆盖了每个样本企业的指标。

同样，SFA 模型也存在自身的一些局限性：

第一，原始数据处理问题。SFA 模型在参数估计时运用了回归分析构建的随机前沿方程，但是随机前沿方程对数据的敏感程度比较弱，该方程只是把随机误差项减少到了最小的平均前沿；第二，样本条件约束问题。SFA 模型在评价样本企业的跨国并购绩效时，样本企业需要有一些默认条件需要满足，但这些默认条件并非所有的样本企业都可以符合，以至于评价结果与实际的绩效水平有一定出入。

（三）DEA 模型与 SFA 模型对比

数据包络分析与随机前沿分析作为测量绩效常见的两类方法，自出现以来一直被各行业领域广泛使用，根据国内外学者基于 DEA 模型与 SFA 模型对企业跨国并购、金融支持跨国并购等方面的研究，DEA 模型与 SFA 模型存在优势互补的特征。例如黄海荣和韩佑赫（Hea & Hyuk，2007），雷宾和拉姆基申（Rabin & Ramkishen，2009）在工作论文中指出，DEA 模型与 SFA 模型在对企业跨国并购的绩效进行测算时，无论是 DEA 模型还是 SFA 模型均可以对样本单元进行有效地评价，而且 DEA 模型与 SFA 模型各自的评价结果的一致性较高，但 SFA 模型通常采用的是共同边界的思想以及组合误差项剥离的方法，与 DEA 模型的包络思想有所区别，因此最后的结果侧重点有所不同。DEA 模型针对的是样本 DMU 的技术效率、生产效率，输出结果反映的是样本 DMU 的相对效率，而 SFA 模型针对单个决策单元的生产效率反应不敏感，其输出结果反映的大多是绝对效率。比尔、伊夫特哈尔和曾贤（Bill、Iftekhar & Xian，2014）采用 DEA 方法与 SFA 方法测度了金融机构在企业跨国并购中的效率大小，从理论上来讲 DEA 方法与 SFA 方法相结合的评价结果具备强收敛性。郑方贤（2004）用全参和半参的方法进行模型估计，认为 DEA 方法、SFA 方法两种方法结合具备一定的科学性和应用性。高栋梁、郭文玲（2005）认为采用 DEA 模型对公司绩效进行测评比 SFA 模型更加合理，其输出结果自然也更加丰富。徐枫，李云龙（2015）认为 SFA 模型在处理大样本数据时比 DEA 模型的评价结果更加准确。现将 DEA 模型与 SFA 模型的优缺点进行对比分析，具体对比情况如表 5 - 9 所示：

表 5 - 9 　　　　　　　DEA 模型与 SFA 模型对比情况

对比内容	DEA 模型	SFA 模型
函数形式	不需要确定的函数	需要确定的函数
随机误差项	不存在	存在
投入—产出	可处理一对一、一对多、多对一、多对多等各种类型	可处理一对一、一对多、多对一，但多对多情况无法处理
产出结果	将产出结果分为生产前沿、技术低效率两部分	将产出结果分为生产前沿、技术低效率、随机误差三部分
生产前沿边界（截面数据）	根据决策单元 DMU 的投入—产出数据，采用单个或多个 DMU 的技术有效点构造生产前沿边界	根据生产函数、随机误差项、低效率项构建随机生产前沿边界
生产前沿边界（面板数据）	根据每个生产周期的数据各构造一个生产前沿边界	根据每个生产周期的数据构造一个共同的生产前沿边界
样本数量	对样本数量无限制性约束	要求样本数量较多
稳定性	稳定性弱	稳定性强
结果检验	无法检验结果是否显著，模型中没有设计组合误差项，结果有一定的离散程度	较为方便地对结果进行显著性检验

第三节　指标选取和样本选择

一　国内外相关研究的指标综述

（一）DEA 模型测算企业跨国金融支持绩效的指标

国外学者在采用 DEA 模型对企业跨国并购绩效以及金融机构支持企业并购绩效时，研究角度和样本企业有所差异，因此在模型的投入指标、产出指标的选择上也有所区别；在国内 DEA 模型的研究领域，最早是由魏权龄教授于 1987 年将 DEA 方法在运筹管理学进行使用，后来该方法又逐渐向运筹经济学、管理工程学、医学领域发展，通过大量的文献可以表明 DEA 方法在企业绩效测算、跨国并购绩效分析方面具备可操作性，评价结果具备科学性。通过对国内外学者在企业跨国并购研究方面的文献梳理，可以分为三方面：一是 DEA 模型的具体选择；二是投入指标的选取；三是输出指标的选取。根据可搜集的文献归纳如表 5 - 10 所示：

表 5 - 10　　国内外采用 DEA 模型测算企业跨国并购效率指标概览

作者信息	DEA 模型	投入指标	产出指标
乔凡尼（Giovanni, 2005）	CCR	营业成本、财务费用	营业收入、净利润
黄海荣、韩佑赫（Hea, Hyuk, 2007）	BCC	资产、费用、员工人数	主营业务收入
雷宾、拉姆基申（Rabin, Ramkishen, 2009）	CCR	资金投入、研发投入、员工投入、其他费用	利润总额、主营业务收入
马尼什，阿舒托什（Manish, Ashutosh, 2011）	BCC	营业成本、业务支出、固定资产、员工人数	净利润

作者信息	DEA模型	投入指标	产出指标
米雷拉（Mirela，2013）	CCR	总资产、营业成本、业务支出	主营业务收入、总利润
比尔、伊夫特哈尔、曾贤（Bill,Iftekhar,Xian,2014）	超效率DEA	总资产、主营业务成本、管理费用	主营业务收入、每股收益
塞宾、乔治恩（Sabine，Jorgen，2014）	超效率DEA	总资产、主营业务成本、各种期间费用、员工人数	净利润、总营业收入
穆罕默德、雷扎（Mohammad，Reza，2014）	C^2GS^2	总资产、销售费用、财务费用、主营业务成本	主营业务收入、净利润
李心丹，朱洪亮，张兵（2003）	CCR	总资产、各项费用、主营业务成本、主营业务税金	利润总额、主营业务收入
潘世明（2010）	超效率DEA	总资产、三项费用之和、主营业务成本	净利润
蓝虹，穆争社（2014）	CCR	总资产、主营业务成本、主营业务税金	主营业务收入
刘满凤，李圣宏（2016）	CCR	总资产、各项费用、主营业务成本	每股收益、主营业务收入
张琦，洪开荣（2016）	NIRS	劳动力，实物资本，总支出	税前利润
郭露，徐诗情（2016）	CCR	固定资产净值、资金成本投入、员工成本投入	净利润、总营业收入

续表

作者信息	DEA 模型	投入指标	产出指标
朱楠,谭德斌 (2015)	CCR	总资产、主营业务成本、各种期间费用、员工人数	主营业务收入、净利润
李春好,苏航 (2015)	DEA - Tobit 二阶段	总资产、销售费用、财务费用、主营业务成本	主营业务收入、净利润
熊婵 (2014)	C^2GS^2	投资增加水平、追加营运资本水平、折旧摊销水平	主营业务利润率、净资产报酬率、资产负债率
厉宏斌 (2006)	CCR BCC	总资产、主营业务成本及主营业务税金及附加之和、各项费用	主营业务收入、净利润
郭淑芬,郝言慧 (2014)	DEA 三阶段	劳动投入、原材料投入、资本投入	总营业收入、净利润

(二)SFA 模型测算企业跨国金融支持绩效的指标

国内外学者基于 SFA 模型对企业跨国并购绩效评价时,因生产函数的选择不同、样本企业的行业背景不同,在因变量、解释变量的选择也有差异,具体如表 5 - 11 所示:

表 5 - 11　　国内外采用 SFA 模型测算企业跨国并购效率指标概览

作者信息	函数形式	投入指标	产出指标
马文(Marvin,2005)	随机前沿 Cobb - Douglas 成本函数	固定资产总额 年末职工人数	企业总利润

作者信息	函数形式	投入指标	产出指标
卡洛斯（Carlos，2008）	随机前沿超对数生产函数	总资产 全部从业人员数量	利润总额
张婷（Zhang T.，2009）	随机前沿超对数生产函数	总资产 年末职工人数	企业总利润
胡达沙，李杨（2012）	随机前沿 Cobb – Douglas 成本函数	固定资产总额 从业人员年平均人数	利润总额
李强，聂锐（2010）	随机前沿 Cobb – Douglas 成本函数	固定资产投资价格指数 年末职工人数	净利润
马军路，陈科（2008）	随机前沿超对数生产函数	总资产 年末职工人数	企业总利润
李善民，史欣向（2013）	随机前沿 Cobb – Douglas 成本函数	固定资产总额 从业人员年平均人数	企业总利润

（三）指标设定

首先，我们对分类 DEA 模型的指标选择进行说明。考虑到数据的可控性和易获得性，结合 DEA 模型选取指标的要求，输入指标采用"营业成本、营业税金及附加两者的加和""销售费用 + 管理费用 + 财务费用""资产总计"；输出指标采用"营业收入""净利润"。具体来看，输入指标 Input1 选用"营业成本、营业税金及附加两者的加和"原因在于营业成本及所交纳税款是体现企业运营效率、考核企业绩效的重要因素，也是整个营业总成本中占比最大的部分，在市场评价体系指标中是必不可少的指标。输入指标 Input2 选用"三项费用之和"原因在于这三项费用在行业分析中是至关重要的部分，三项费用的多少直接关系到利润的大小,同样在不同行业的利润表中,这三项费用也是必不可少的,所以在行业内部的比较中也有统一性,因此本书选用了三项费用作为输入的第二类指标。输入指标 Input3 选用资产总计在于以下两方面原因:一是总资产本身定义即为在可预见的时期内能够为企业带来利润的资源,可以较准确的来衡量企业的资源配置是否达到最优化;二是往往不同上市公司的资本结构有所差异或者同一公司在并购前后的资产结构也有所差异,所以采用总资产这一指标可以避免这种不同资产结构造成的不可比性。输出指标 Output1 选用"营业收入"的原因在于:首先营业收入是直接与Input1 营业成本相对应的;其次营业收入是衡量企业产出的重要部分,可以直观的反映出企业绩效水平,而且营业收入在作为同业衡量指标中也是共通的指标之一。输出指标 Output2 选用"净利润"的原因在于评价企业绩效水平最终往往要落在净利润上,经济学厂商理论中也提到追求利润最大化是企业经营生产的目标,所以将净利润作为输出指标之一。

其次,对于本章 SFA 模型的指标选择进行说明。本章 SFA 模型的输入指标分为资本投入指标和劳动投入指标,其中资本投入指标选用"年末固定资产总额",劳动投入指标选用"年末职工人数";输出指标选用"利润总额"。具体来看,狭义上的资本投入指标通常是指"年资本存量",但只有较少企业的年资本存量的数据可以从相关统计资料中直接获取,而往往固定资产总额的数值与资本投入相类似,因此本章 SFA 模型的资本投入指标选用"年末固定资产总额";关于劳动投入指标,最为严格的评估是采用企业员工的工作时长,但根据数据统计工作的实际操作情况,很难获取全部企业员工的劳动时间,绝大部分研究都以职工人数来近似评估,因此本章 SFA 模型的劳动投入指标选用"年末职工人数";而输出指标的选取标准通常是选择增加值,本书以企业的利润总额为输出指标。

二　数据收集

本章研究企业跨国并购金融支持的情况，为保证数据的公开性、真实性、准确性，数据采集有以下几点说明：（1）本章实证模型中所采用的数据（输入、输出指标）均来自各上市公司披露的财务报表；（2）参与跨国并购的企业名单均来自商务部、各省商务厅发布的并购企业名单，企业跨国并购的发生事件①均来自各上市公司年报；（3）相关金融机构支持的数据均来自各金融机构正式公开的信息；此外，为了样本数据的完整性，本章从 Wind 数据库、中国企业跨国并购数据库、全球并购交易分析库 ZEPHYR、全球上市公司分析库 Osiris、《中国企业统计年鉴》以及各企业公开的年度报告搜集了相关数据。另外由于要对跨国并购的绩效进行评价，因此所有样本企业的指标以并购当年的时间（T）为基准，分别向并购前、后扩延两年进行分析，即形成了并购前两年（T－2）、并购前一年（T－1）、并购当年（T）、并购后一年（T＋1）、并购后两年（T＋2）的五年跨度期。

三　样本选择

为了更加全面地分析企业跨国并购金融支持状况，本书选取了山东、江苏、浙江三个省份，首先，鲁、苏、浙三省都属于经济大省，金融发展水平良好，金融机构种类比较丰富，研究金融支持能力具备一定基础；其次，鲁、苏、浙三省参与跨国并购的企业具有一定的代表性，三省企业跨国并购的案例数量相比其他省份较多，而且山东省并购企业以国有企业为主，浙江省并购企业以民营企业为主，江苏省

---

① 事件主要侧重于公司内部重组的交易，包括：收购上市及非上市企业所导致的控制权变化、对上市及非上市企业的投资（至少5%所有权）、公司合并、杠杆收购、管理层收购、管理层卖出、要约收购、资产分拆、反向收购、合资公司整体买入、破产接收或破产处置及拍卖、定向股份（Tracking stock）；不包括：物业中的房地产、传闻的交易、在未收购100%股权时发售的收购额外股权的期权、土地收购。

并购企业中国企和民企数量较均衡，所以选择三省的并购企业为样本研究对象可以更好地分析金融机构对不同类型企业的支持情况。本书从 2005—2014 年可统计的鲁、苏、浙三省 257 个跨国并购案例中选取了 101 家企业作为样本企业进行详细分析，同时这 101 家样本企业也具备以下几点特征：一是这 101 家企业均为上市公司，其财务数据的真实性可以保证；二是这些样本企业基本涵盖了 6 大行业，具有行业代表性；三是并购金额标准为跨国并购中收购总价超过母公司总资产的 4% 以上；四是这些样本企业中金融机构支持程度有所区分，从而可以更好地分析金融支持的作用。其中有多家企业发生多次跨国并购，但这些并购事件有些并不是在同一年进行，有些目标企业不同，因此也将该类并购事件纳入样本分析范围，样本企业名单详见附录 A。

第四节　实证分析

一　基于分类 DEA 模型的企业跨国并购金融支持绩效分析

（一）样本企业跨国并购金融支持度测算

传统的 DEA 模型如 CCR 模型和 BCC 模型大多是径向、角度的，松弛变量问题未纳入考虑，而 SBM 模型属于 DEA 中非径向、非角度的度量方法，如果采用非径向、非角度超效率模型来对样本进行分析，不仅解决了松弛变量问题，而且解决了非期望产出下效率重叠问题，其科学性、实用性得到较大改进。本书基于 SBM 模型，通过 SBM 模型计算样本 DMU 的绩效值，然后采用分类 DEA 模型（Categorical DEA model）对企业各指标进行总体的整合测算。因此，根据分类 DEA 模型的思想，首先对 DMU 按照一定的属性分类，本书中即按照样本企业在跨国并购中的金融支持程度进行层次划分。

参照本章第一节关于金融支持度的测算方法，我们对样本企业金融支持度进行了计算，结果如表 5 - 12 所示（按照并购时间的先后顺序排列）。

表 5 - 12　　　　　　　　　样本企业金融支持度

样本企业	金融支持度	样本企业	金融支持度	样本企业	金融支持度
海尔集团	0.64	山东黄金	0.40	海信电器	0.79
潍柴动力	0.92	山东钢铁	0.42	孚日股份	0.02
苏宁云商	0.28	浪潮集团	0.71	潍柴动力	0.47
海尔集团	0.24	海尔集团	0.60	江山股份	0.34
宁波韵升	0.77	宁波滕头	0.48	阿里巴巴	0.51
史丹利	0.21	浙江莲花	0.43	盾安环境	0.89
兖州煤业	0.59	巨石集团	0.64	阿里巴巴	0.34
恒顺醋业	0.10	卧龙投资	0.79	阿里巴巴	0.64
如意集团	0.81	支付宝	0.24	阿里巴巴	0.71
维科精华	0.79	阿里巴巴	0.07	阿里巴巴	0.59
奥康国际	0.85	徐工机械	0.54	青年汽车	0.87
海尔集团	0.40	帝普矿投	0.44	恒立数控	0.55
兖州煤业	0.60	潍柴动力	0.71	浙江龙盛	0.41
中鲁远洋	0.82	和晶科技	0.18	聚光科技	0.63
青年汽车	0.25	新华医疗	0.49	中瑞思创	0.49
万向集团	0.12	齐星铁塔	0.13	宁波华翔	0.09
青年汽车	0.78	中材国际	0.54	美盛文化	0.13
海陆重工	0.67	豪迈科技	0.60	天邦股份	0.32
海润光伏	0.62	吉利控股	0.85	泰格医药	0.52

样本企业	金融支持度	样本企业	金融支持度	样本企业	金融支持度
宝利沥青	0.23	开元旅业	0.10	先锋新材	0.35
中材国际	0.02	软控股份	0.80	海润光伏	0.34
宝莫股份	0.62	赛轮股份	0.73	天顺风能	0.31
亚星化学	0.05	杰瑞股份	0.17	南京新百	0.23
歌尔声学	0.41	赛轮股份	0.15	凤凰传媒	0.54
恒顺电气	0.85	东山精密	0.42	沪电股份	0.80
安洁科技	0.70	华谊兄弟	0.37	先锋新材	0.66
恒立油缸	0.69	先锋新材	0.87	雅戈尔	0.58
星宇股份	0.38	均胜电子	0.59	均胜电子	0.23
云锋基金	0.41	先锋新材	0.31	华谊兄弟	0.28
万向集团	0.85	日发精机	0.66	日发精机	0.66
慈星股份	0.08	先锋新材	0.31	阿里巴巴	0.46
阿里巴巴	0.45	天马股份	0.21	美都能源	0.38
天邦股份	0.06	华谊兄弟	0.41		
宁波华翔	0.54	华策影视	0.80		

　　基于各样本企业金融支持度的结果，我们对样本企业的金融支持度的大小划分为 3 个等级，等级标准的转换关系如表 5 - 13 所示，由此所有样本企业也被纳入了各金融支持等级的对应企业范围，弱金融支持度企业、中等金融支持度企业、强金融支持度企业的分类如表 5 - 14—表 5 - 16 所示。

表 5 - 13 金融支持度数值对应等级表

金融支持度 S 等级	弱金融支持	中等金融支持	强金融支持
数值范围	0.02—0.40	0.40—0.70	0.70—1.00

表 5 - 14 弱金融支持度企业 (Cate. 1)

1. 中材国际	7. 宁波华翔	13. 赛轮股份	19. 南京新百	25. 华谊兄弟	31. 海润光伏
2. 孚日股份	8. 恒顺醋业	14. 杰瑞股份	20. 均胜电子	26. 先锋新材	32. 先锋新材
3. 亚星化学	9. 开元旅业	15. 和晶科技	21. 海尔集团	27. 天顺风能	33. 华谊兄弟
4. 天邦股份	10. 万向集团	16. 史丹利	22. 支付宝	28. 天邦股份	34. 泰格医药
5. 阿里巴巴	11. 齐星铁塔	17. 天马股份	23. 青年汽车	29. 江山股份	35. 星宇股份
6. 慈星股份	12. 美盛文化	18. 宝利沥青	24. 苏宁云商	30. 阿里巴巴	36. 美都能源

表 5 - 15 中等金融支持度企业 (Cate. 2)

37. 海尔集团	44. 东山精密	51. 新华医疗	58. 凤凰传媒	65. 海尔集团	72. 阿里巴巴
38. 山东黄金	45. 浙江莲花	52. 中瑞思创	59. 恒立数控	66. 豪迈科技	73. 日发精机
39. 歌尔声学	46. 帝普矿投	53. 阿里巴巴	60. 雅戈尔	67. 海润光伏	74. 先锋新材
40. 云锋基金	47. 阿里巴巴	54. 泰格医药	61. 兖州煤业	68. 宝莫股份	75. 日发精机
41. 华谊兄弟	48. 阿里巴巴	55. 宁波华翔	62. 均胜电子	69. 聚光科技	76. 海陆重工
42. 浙江龙盛	49. 潍柴动力	56. 徐工机械	63. 阿里巴巴	70. 海尔集团	78. 恒立油缸
43. 山东钢铁	50. 宁波滕头	57. 中材国际	64. 兖州煤业	71. 巨石集团	

表 5 - 16 强金融支持度企业 (Cate. 3)

79. 安洁科技	83. 赛轮股份	87. 卧龙投资	91. 沪电股份	95. 恒顺电气	99. 青年汽车
80. 浪潮集团	84. 宁波韵升	88. 海信电器	92. 如意集团	96. 万向集团	100 盾安环境

81. 潍柴动力	85. 青年汽车	89. 软控股份	93. 中鲁远洋	97. 吉利控股	101 潍柴动力
82. 阿里巴巴	86. 维科精华	90. 华策影视	94. 奥康国际	98. 先锋新材	

（二）样本企业跨国并购金融支持绩效

按照分类 DEA 模型的方法，首先将第一类的样本 DMU 通过 SBM 超效率模型计算出其绩效值（score）；然后再计算出第一、第二类 DMU 的绩效值；最后综合三类样本企业进行分析。

下面以并购当年（T）为例，计算出样本的绩效值。为计算与表达方便，以表 5-14—表 5-16 中的编号代替各企业名称，样本 DMU 中各输入、输出指标无量纲化处理，运用非径向非角度 SBM 超效率模型进行计算，综合三类 DMU 的绩效结果，得出并购当年（T）的绩效评价状况，如表 5-17—表 5-19 所示：

表 5-17　　　　分类 DEA 模型（Cate. 1）样本企业绩效值

1.	0.09	7.	0.05	13.	0.28	19.	0.18	25.	0.36	31.	0.49
2.	0.03	8.	0.06	14.	0.22	20.	0.28	26.	0.37	32.	0.54
3.	0.04	9.	0.20	15.	0.25	21.	0.31	27.	0.39	33.	0.52
4.	0.11	10.	0.09	16.	0.38	22.	0.31	28.	0.34	34.	0.45
5.	0.12	11.	0.18	17.	0.47	23.	0.32	29.	0.48	35.	0.49
6.	0.10	12.	0.16	18.	0.33	24.	0.27	30.	0.55	36.	0.66

表 5-18　　　　分类 DEA 模型（Cate. 2）样本企业绩效值

37.	0.52	44.	0.49	51.	0.64	58.	0.71	65.	0.65	72.	0.67
38.	0.56	45.	0.64	52.	0.61	59.	0.53	66.	0.67	73.	0.69

39.	0.55	46.	0.52	53.	0.59	60.	0.53	67.	0.69	74.	0.51
40.	0.56	47.	0.50	54.	0.56	61.	0.67	68.	0.64	75.	0.71
41.	0.58	48.	0.54	55.	0.53	62.	0.65	69.	0.65	76.	0.75
42.	0.64	49.	0.52	56.	0.60	63.	0.71	70.	0.70	77.	0.73
43.	0.61	50.	0.53	57.	0.63	64.	0.62	71.	0.74	78.	0.77

表 5 - 19　　　　　分类 DEA 模型（Cate. 3）样本企业绩效值

79.	0.77	83.	0.86	87.	0.72	91.	0.88	95.	0.88	99.	0.98
80.	0.66	84.	0.82	88.	0.82	92.	0.89	96.	0.82	100.	0.89
81.	0.74	85.	0.82	89.	0.87	93.	0.93	97.	0.91	101.	0.90
82.	0.82	86.	0.84	90.	0.74	94.	0.96	98.	0.91		

　　按照同样的方法，可以计算出所有样本 DMU 从并购前两年（T‐2）至并购后两年（T＋2）的绩效值，对样本 DMU 中不同金融支持度的企业绩效重点从并购当年（T）到并购后两年（T＋2）进行分析。通过分类 DEA 模型计算，样本 DMU 按照不同金融支持度的分类绩效值计算结果如表 5‐20 所示。

表 5 - 20　　　　　　　　分类 DMU 平均绩效

类别	并购前期	并购中期	并购后期
Cate. 1	0.34	0.32	0.40
Cate. 2	0.63	0.56	0.65
Cate. 3	0.91	0.89	0.94

由于按照金融支持度的分类时，同一金融支持强度下行业的类型、企业自身规模的不同，为消除此方面的差异，更直观的分析分类 DEA 模型下的数据结果，构建三个新指标 Δ_1、Δ_2、Δ_3；$\Delta_n = s_n^t - s_n$（$n=1$，2，3）；s_n 表示第 n 类企业并购当期的绩效值（score）；s_n^t 表示第 n 类企业并购下一期的绩效值（score）。结合表 5 – 20 对分类 DMU 进行差值检验和正值比率检验，结果如表 5 – 21 所示。

表 5 – 21　　　　　　　　　分类 DMU 绩效检验结果

分类	差值		正值比率
$\triangle_1$	$S_1^t - S_1$	– 0.026	0.333
$\triangle_2$	$S_2^t - S_2$	0.084	0.667
$\triangle_3$	$S_3^t - S_3$	0.163	0.602

各分类 DMU 的 $\triangle_n$ 指标可以用下图更直接的表示，图中 a、b、c 分别代表分类 DEA 模型中 cate. 1、cate. 2、cate. 3 三类企业，大圆区域即第一类企业，代表金融支持度弱的企业，小圆区域即第二类企业，表示金融支持度中等的企业，椭圆矩形区域即第三类企业，表示金融支持度较强的企业。由于部分绩效测算结果非常接近，为了在图形中更清晰地表达分布趋势，我们将差值在 0.05 之内的企业进行了合并，如图 5 – 3 所示。

从图 5 – 3 可以看，样本 DMU 绩效差值的整体分布大致有以下特点：金融支持度 S 的大小与绩效差值的大小成正相关，c 点大多集中在图形的右上区间，数值大小集中在 0.1—0.2 之间，b 点主要集中在图形中间区域，数值大小位于 0.05—0.1 之间，a 点大多集中于图形的左下区间，数值大小多在 0.00 以下。因此，通过该分布图更直观地反映出在东部主要省份企业跨国并购的过程中，金融支持度越强的企业往往在并购后期的绩效提升越明显。

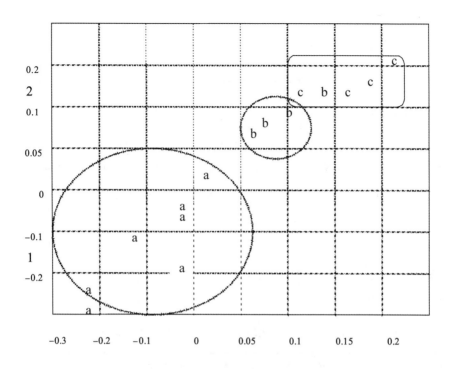

图 5 - 3　分类 DMU 绩效差值分布图

二　基于 Metafrontier – SFA 模型的企业跨国并购金融支持绩效分析

（一）函数形式的确立。由于本书研究的样本并购企业设计多个行业，不同行业之间资本投入与劳动力投入的评价内容又不完全相同，两种投入方式间的替代关系有一定差别，按照随机前沿 Cobb – Douglas 成本函数中资本投入、劳动力投入的假设条件，两者要无差别替代，因此本书的 SFA 模型不宜采用随机前沿 Cobb – Douglas 成本函数。而随机前沿超对数生产函数可以避免这一限制，其对投入要素之间的替代关系、产出弹性、技术替代率等并没有要求，所以本书对多种行业研究采用随机前沿超对数生产函数：

$$\ln y_{it} = \beta_0 + \sum_j \beta_j \ln X_{jit} + \frac{1}{2} \sum_j \sum_k \beta_{jk} \ln X_{jit} \ln X_{kit} + \beta_t t + \frac{1}{2} \beta_t t^2 + \sum_j \beta_{rj}$$

$$t\ln X_{jit} + (\nu_{it} - \mu_{it}) \tag{5.21}$$

式（5.21）可转化为：

$$\ln Y_{it} = \alpha_0 + \alpha_1\ln K_{it} + \alpha_2\ln L_{it} + \alpha_3 T + \frac{1}{2}\alpha_4\ln K_{it} + \frac{1}{2}\alpha_5\ln L_{it} \times \ln L_{it} +$$

$$\alpha_6 T \times T + \alpha_7\ln K_{it} \times \ln L_{it} + \alpha_8\ln K_{it} \times T + \alpha_9\ln L_{it} \times T + \varepsilon_{it} \tag{5.22}$$

式（5.22）中，Y 代表并购企业利润总额，K 代表并购企业的资本投入即年末固定资产总额，L 代表并购企业的劳动力投入即年末职工人数，i 和 t 分别代表企业序列和时间，ε_{it} 代表随机误差。

（二）样本企业跨国并购金融支持绩效。按照本章第四节中对 101 个样本企业金融支持度的分类，对企业相关数据指标进行 T 检验处理后，采用 Frontier 4.1 软件进行 SFA 模型的绩效测算，结果如表 5-22—表 5-24 所示。

表 5-22　　　　Metafrontier-SFA 模型（Cate.1）样本企业绩

1.	0.12	7.	0.04	13.	0.21	19.	0.11	25.	0.46	31.	0.40
2.	0.23	8.	0.09	14.	0.21	20.	0.21	26.	0.32	32.	0.44
3.	0.06	9.	0.21	15.	0.29	21.	0.36	27.	0.34	33.	0.42
4.	0.15	10.	0.19	16.	0.18	22.	0.41	28.	0.44	34.	0.48
5.	0.13	11.	0.08	17.	0.17	23.	0.34	29.	0.43	35.	0.59
6.	0.20	12.	0.15	18.	0.23	24.	0.29	30.	0.45	36.	0.56

表 5-23　　　　Metafrontier-SFA 模型（Cate.2）样本企业绩

37.	0.49	44.	0.39	51.	0.59	58.	0.69	65.	0.59	72.	0.75
38.	0.46	45.	0.69	52.	0.52	59.	0.59	66.	0.64	73.	0.71
39.	0.53	46.	0.47	53.	0.66	60.	0.53	67.	0.79	74.	0.58
40.	0.66	47.	0.50	54.	0.70	61.	0.67	68.	0.54	75.	0.63
41.	0.54	48.	0.65	55.	0.53	62.	0.59	69.	0.67	76.	0.80
42.	0.60	49.	0.71	56.	0.55	63.	0.56	70.	0.78	77.	0.63
43.	0.65	50.	0.59	57.	0.60	64.	0.69	71.	0.84	78.	0.70

表 5 - 24   *Metafrontier - SFA* 模型（*Cate.* 3）样本企业绩效值

79.	0.87	83.	0.65	87.	0.82	91.	0.89	95.	0.82	99.	0.91
80.	0.76	84.	0.80	88.	0.89	92.	0.87	96.	0.89	100.	0.80
81.	0.88	85.	0.79	89.	0.77	93.	0.95	97.	0.92	101.	0.88
82.	0.69	86.	0.90	90.	0.93	94.	0.79	98.	0.88		

    按照同样的方法，可以计算出所有样本企业从并购前两年（$T-2$）至并购后两年（$T+2$）的绩效值，对样本企业中不同金融支持度的企业绩效重点从并购当年（T）到并购后两年（$T+2$）进行分析。通过 *Metafrontier - SFA* 模型计算，样本企业按照不同金融支持度的分类绩效值计算结果如表 5 - 25 所示。

表 5 - 25   *SFA* 模型样本企业平均绩效

类别	并购前期	并购中期	并购后期
Cate. 1	0.36	0.30	0.39
Cate. 2	0.58	0.44	0.62
Cate. 3	0.89	0.82	0.92

    通过表 5 - 25 可以看出采用 *SFA* 模型所测算的企业并购绩效整体上与金融支持度的大小呈现出正相关的趋势，为了更直观说明这一趋势，我们将不同金融支持度下企业的绩效绘制在图 5 - 4 中。

三 两种模型测算结果的比较

    通过本章第四节基于分类 *DEA* 模型和 *Metafrontier - SFA* 模型的企业并购绩效运算，我们可以看出两种模型关于绩效的测算结果并不完全一致，原因在于两种模型在构建生产前沿面时一种是参数方法；另一种是半参数方法；另外两者的函数模型也不一致。但结合

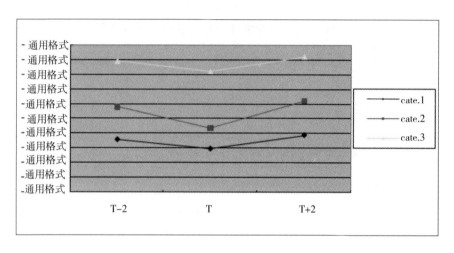

图 5 - 4　不同金融支持度下企业平均绩效图（SFA 模型）

不同金融支持度下各企业的绩效分布情况，分类 DEA 模型中和 Metafrontier - SFA 模型中并购企业的平均绩效与金融支持度正向相关的结果还是一致的，并且样本企业的绩效排名情况并无较大差异，因此本书认为：虽然数据包络分析方法与随机前沿分析方法在测算企业绩效时存在一定差异，但结合本书金融支持度所测算出的并购企业绩效、排名、相关性情况，两种模型最终的测算结果存在良好的一致性。

第五节　金融支持要素的分类甄别

一　不同金融支持方式的绩效分析

通过上节对并购企业平均绩效的测算，从宏观上分析出金融支持与绩效间的正向相关关系，即金融支持度越高的企业其平均并购绩效越高。为了进一步了解不同金融支持方式下企业的平均绩效水平，我们继续通过分类 DEA 模型和 Metafrontier - SFA 模型对政策性金融支持、商业银行支持、非银行金融机构支持的企业平均绩效进行了测算，结果如表 5 - 26 所示。

表 5 - 26　　　　　　　不同金融支持方式的企业平均绩效

	分类 DEA 模型	Metafrontier - SFA 模型
政策性金融支持	0.71	0.78
商业银行支持	0.62	0.58
非银行金融机构支持	0.59	0.48

通过表 5 - 26 我们可以看出，两种模型的测算结果虽然有所差异，但所反映出的总体趋势是一致的，即政策性金融支持的企业平均绩效要略高于商业银行支持的企业和非银行金融机构支持的企业平均绩效，商业银行支持的企业绩效要略高于非银行金融机构支持的企业平均绩效。

二　不同并购支付方式的绩效分析

同理，我们通过分类 DEA 模型和 Metafrontier - SFA 模型对不同并购支付方式的企业的平均绩效进行了测算，根据样本企业所获取的数据以及所搜集的案例来看，并购支付方式通常可以划分为四种：现金支付、股权支付、股权和现金支付、其他方式。各自对应的企业平均绩效测算结果如表 5 - 27 所示。

表 5 - 27　　　　　　　不同并购支付方式的企业平均绩效

	分类 DEA 模型	Metafrontier - SFA 模型
现金支付	0.45	0.51
股权支付	0.69	0.72
股权和现金支付	0.51	0.68
其他方式	0.44	0.47

通过表 5 - 27 我们可以看出，两种模型的测算结果虽然有所差异，但所反映出的总体趋势也是一致的，即采用股权支付方式的企业

平均绩效要略高于现金支付方式的企业和混合支付方式的企业平均绩效,同时,混合支付方式的企业绩效要略高于现金支付方式的企业平均绩效。

三 不同并购交易金额的绩效分析

同理,我们通过分类 *DEA* 模型和 *Metafrontier – SFA* 模型对不同并购交易金额的企业平均绩效进行了测算,根据样本企业所获取的数据来看,将并购交易金额(单位:美元)分为四档:5000 万以下、5000 万—1 亿、1 亿—5 亿、5 亿以上,各自对应的企业平均绩效测算结果如表 5 – 28 所示。

表 5 – 28　　　　　不同并购交易金额的企业平均绩效

	分类 *DEA* 模型	*Metafrontier – SFA* 模型
5000 万以下	0.39	0.44
5000 万—1 亿	0.55	0.59
1 亿—5 亿	0.61	0.63
5 亿以上	0.84	0.79

通过表 5 – 28 我们可以看出,两种模型的测算结果虽然有一定的差异,但所反映出的总体趋势却是一致的,即并购交易金额越大其对应的企业平均并购绩效也越高。

本章是全书的核心章节,首先,通过 *TFAHP* 模型构建的金融支持体系将样本企业划分为金融支持度强、中、弱三个等级;然后,运用分类 *DEA* 模型和 *Metafrontier – SFA* 模型分别对样本企业的绩效进行测算,经两种模型的对比分析可得出以下结论:金融支持与绩效间的正向相关关系,即金融支持度越高的企业其平均并购绩效越高;政策性金融支持的企业平均绩效要略高于商业银行支持的企业和非银行金融机构支持的企业平均绩效,商业银行支持的企业绩效要略高于非银行金融机构支持的企业平均绩效；采用股权支付方式的企业平均绩效要略高于现金支付方式的企业和混合支付方式的企业平均绩效，同时，混合支付方式的企业绩效要略高于现金支付方式的企业平均绩效；并购交易金额越大其对应的企业平均并购绩效也越高。

第六章　企业跨国并购金融支持 影响因素的实证分析

——以鲁、苏、浙为例

本书上一章从绩效测度模型的角度对企业跨国并购的绩效与金融支持之间的关系进行了分析，证实了金融支持强度对企业跨国并购的正向积极作用，为了更加深入地分析企业跨国并购金融支持的影响因素，本章采用结构方程模型对各影响因素从更加宏观的角度进行实证分析，从而更好地提升金融支持企业跨国并购的效率。

第一节　维度设计与研究假设

一　维度设计

本章所研究的企业跨国并购金融支持的影响因素，分为两条主线，一条主线是作用主体；另一条主线是作用客体。前者包括社会环境因素（基础环境和社会网络效率）、金融机构内部因素（企业并购项目选择、企业并购项目推进、企业并购项目监管），后者包括金融机构支持能力、金融产品创新能力、金融制度支持能力三方面因素。首先来看社会环境因素，主要包括基础环境和社会网络效率，这里的基础环境是指金融政策法规环境与配套金融设施环境，社会网络效率是指社会组织效率（各金融组织之间的协调能力，政府、金融机构、并购企业三者之间的协调能力），社会信用体系（主要指企业的信用体系建设）；其次，来看金融机构内部因素，主要分为企业并购项目选择、企业并购项目推进、企业并购项目监管，这三方面因素是金融机构在企业跨国并购前期、中期和后期三阶段的项目实施的影响因素，企业并购项目选择是指金融机构决策层对企业跨国并购项目业务的审批，其中涉及审批人对并购项目背景的了解程度、并购政策与信息的掌握等主观因素，企业并购项目推进是关键部分，是指金融机构在并购项目中专业团队对业务的执行、操作，企业并购项目监管是指企业并购完成后期金融机构对资金监管、业务修正、退出渠道衔接；再次，针对作用客体本书将金融机构支持能力、金融产品创新能力、金融制度支持能力需进行更详细的说明：金融机构支持能力涵盖针对企业跨国并购贷款的发放能力、金融机构与并购企业协调管理的能力、金融机构在业务、服务、风控方面的优化资源配置能力，金融产品创新能力主要涵盖贷款抵质押方式的创新、并购业务创新、担保方式创新，金融制度支持能力主要包括对企业跨国并购的金融政策优惠，对参与金融机构的鼓励政策，金融机构支持企业跨国并购的长效机制。具体的指标因素详见表 6 - 1：

表 6 - 1　　　　企业跨国并购金融支持影响因素的维度设计

一类指标	二类指标	三类指标
金融机构内部因素	企业并购项目选择	管理层决策
	企业并购项目推进	并购专业人才
		并购团队协调
	企业并购项目监管	资金、风险监控

一类指标	二类指标	三类指标
社会环境因素	基础环境	金融政策法规环境
		配套金融设施环境
	社会网络效率	社会信用体系
		社会组织效率 （各金融组织之间的协调能力，政府、金融机构、并购企业三者之间的协调能力）
企业跨国并购金融支持的水平	金融机构支持能力	企业跨国并购贷款的发放能力
		金融机构与企业协调管理能力
		金融机构的优化资源配置能力
	金融产品创新能力	并购业务的创新
		担保方式的创新
		抵质押方式的创新
	金融制度支持能力	对企业跨国并购的金融政策优惠
		对参与金融机构的鼓励政策
		金融机构支持企业跨国并购的长效机制

二 研究假设

结合前文的研究和维度设计，本章对各个影响因素作出以下几项假设。

假设1：金融机构内部因素影响企业跨国并购金融支持的水平，并具有正向的支持作用。具体包括：假设1.1：企业并购项目的选择对金融机构支持能力有正向支持作用；假设1.2：企业并购项目的选择对金融产品创新能力有正向支持作用；假设1.3：企业并购项目的推进对金融机构支持能力有正向支持作用；假设1.4：企业并购项目的推进对金融产品创新能力有正向支持作用；假设1.5：企业并购项目的监管对金融机构支持能力有正向支持作用；假设1.6：企业并购项目的监管对金融制度支持能力有正向支持作用。

假设2：社会环境因素影响企业跨国并购金融支持的水平，并具有正向的支持作用。具体包括：假设2.1：基础环境对金融机构支持能力有正向支持作用；假设2.2：基础环境对金融产品创新能力有正向支持作用；假设2.3：社会网络效率对金融机构支持能力有正向支持作用；假设2.4：社会网络效率对金融产品创新能力有正向支持作用；假设2.5：社会网络效率对金融制度支持能力有正向支持作用。

假设3：社会环境因素影响企业金融机构内部因素，并具有正向的支持作用。具体包括：假设3.1：基础环境对企业跨国并购项目的推进有正向支持作用；假设3.2：社会网络效率对企业跨国并购项目的选择有正向支持作用；假设3.3：社会网络效率对企业跨国并购项目的推进有正向支持作用。

为了更加直观表示研究假设，本书将假设条件展示于图6-1中：

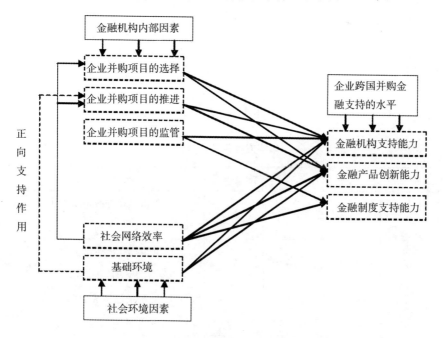

图6-1　研究假设

第二节　模型介绍

本章研究采用的是结构方程模型（*SEM*），该模型可以将因子分析法的原理与多元回归的思想组合在一起来识别各因素之间的因果作用关系，而且结构方程模型可以对潜变量（难以准确量化衡量的变量）、观测变量放在同一个假设模型中进行研究。结构方程模型采用最大似然估计 *ML* 来分析变量关系，限制条件比较少，能够较为准确的分析变量间的因果关系，考虑本章中关于"金融机构内部因素"和"社会环境因素"中有多个变量属于潜变量，所以采用结构方程模型是比较科学的选择。结构方程模型主要有两部分构成，一是结构方程，二是测量方程，前者是分析潜变量之间的影响关系，后者是分析潜变量与指标之间的因果关系，具体公式如下所示：

$$\begin{cases} \eta = B\eta + \Gamma\xi + \zeta \\ \chi = \Lambda_x\xi + \sigma \\ y = \Lambda_Y\zeta + \varepsilon \end{cases} \quad (6.1)$$

公式（6.1）中符号说明如表 6-2 所示。

表 6-2　　　　　　　　　结构方程模型符号含义

结构方程	符号含义	测量方程	符号含义
η	内生潜变量	Λ_x	外源指标在外源潜变量上的因子负荷矩阵
B	内生潜变量间的关系	Λ_y	内生指标在内生潜变量上的因子负荷矩阵
Γ	外源潜变量对内生潜变量的影响关系	x；y	外源指标组成的向量；内生指标组成的向量
ξ	外源潜变量	σ	外源变量的误差
ζ	结构方程残差项	ϵ	内生变量的误差

第三节　数据收集与分析

一　数据收集

结合前文的研究结果和所搜集的相关企业并购金融支持案例，本书将调查问卷（见附录 C）进行了发放，调查问卷的主要发放对象为与企业跨国并购相关的政府部分、政策性金融机构、商业银行（中国银行、中国工商银行、招商银行）、证券公司、会计师事务所等。此次调查问卷通过线上和线下两种渠道进行发放，共发出问卷 300 份（线上问卷和线下问卷各 150 份），回收问卷 262 份，其中有效问卷 249 份（有效回收率 83%），调查问卷的样本分布表详见附录 D。

二　数据的信度检验

本章对获取数据的可信度检验采用克朗巴哈系数法（Cronbach's alpha），测试结果如表 6-3 所示（表中附各指标字母符号说明）：

表 6-3　　　　　　样本数据 Cronbach's alpha 信度检验表

一类指标	二类指标	Cronbach's alpha 系数	标准化 Cronbach's alpha 系数	N of Items
金融机构内部因素（JRJG）	企业并购项目的选择（XMZX）	0.814	0.779	2
	企业并购项目的推进（XMTJ）	0.857	0.829	2
	企业并购项目的监管（XMJG）	0.902	0.875	2

续表

一类指标	二类指标	Cronbach's alpha 系数	标准化 Cronbach's alpha 系数	N of Items
社会环境因素（SHHJ）	基础环境（JCHJ）	0.893	0.820	2
	社会网络效率（SHWL）	0.899	0.847	2
企业跨国并购金融支持水平（JRZC）	金融机构支持能力（JGZC）	0.907	0.866	4
	金融产品创新能力（CPCX）	0.812	0.752	4
	金融制度支持能力（ZDZC）	0.878	0.804	2

按照表6-3的标准化的 Cronbach's alpha 系数，根据信度检验的标准社科研究的 alpha 系数大于0.6表示可信度可以接受，本书各指标数据的 Cronbach's alpha 系数均大于0.6，表示数据通过可信度检验。

三 数据的探索性因子分析

在样本数据通过克朗巴哈系数法检验之后，为了对二级指标的分类的科学性进一步判断，本书采用探索性因子分析法进行检验。在进行探索性因子分析之前，首先对数据进行 KMO 检验和 Bartlett 检验，来判断样本数据是否符合进行探索性因子分析的条件，测试结果如表6-4所示。

表 6 - 4　　　　　　　　　　*KMO* 检验和 *Bartlett* 检验结果

Kaiser – Meyer – Olkin Measure of Sampling Adequacy		0.821
Bartlett's Test of Sphericity	Approx. Chi – Square	460.22
	Df	537
	Sig.	0.000

如上表 6 - 4 所示，*KMO* 抽样参数检验结果为 0.821，介于 0.8 与 0.9 之间，该统计结果属于良好范围；*Bartlett* 球形检验结果 *Sig.* （统计值的显著性概率）为 0.000，小于 0.001，因此通过 *Bartlett* 球形检验，可进行下一步的探索性因子分析。对本书设计的问卷所设计的选项进行因子分析，采用最大方差法正交旋转、特征根大于 1 的条件对各因素进行抽取得到总方差解释如表 6 - 5 所示，获取了 5 因素结构，并对因子载荷进行旋转处理得到转轴后的因子载荷矩阵如表 6 - 6 所示。

表 6 - 5　　　　　　　　　　总方差解释表

各成分特征值	原始特征值		未旋转的因子提取结果			旋转后的因子提取结果		
	各成分方差百分比	累计百分比（％）	各成分特征值	各成分方差百分比	累计百分比（％）	各成分特征值	各成分方差百分比	累计百分比（％）
1	6.835	23.375	25.687	6.835	23.375	25.687	4.832	16.782
2	6.237	15.801	39.267	6.237	15.801	39.267	4.601	15.307
3	4.324	14.339	49.103	4.324	14.339	49.103	4.372	11.289
4	2.867	9.545	57.877	2.867	9.545	57.877	4.226	10.783
5	1.702	7.910	70.061	1.702	7.910	70.061	4.008	9.721
6	1.102	4.928	——	——	——	——	——	——

表 6 - 6 转轴后的因子载荷矩阵

变量名称	1	2	3	4	5
JRJG1	0.863				
JRJG2	0.829				
JRJG3	0.707				
SHHJ1		0.881			
SHHJ2		0.827			
JRZC1.1			0.792		
JRZC1.2			0.823		
JRZC1.3			0.746		
JRZC2.1				0.719	
JRZC2.2				0.890	
JRZC2.3				0.739	
JRZC3.1					0.767
JRZC3.2					0.829
JRZC3.3					0.896

通过表 6 - 5 和表 6 - 6 可知，特征值大于 1 的比例占总方差的 70.061%，各指标的检验值均大于 0.5，结果表现良好，问卷设计结构和指标通过了检验。

四 数据的验证性因子分析

前文我们对问卷设计结构和指标采用探索性因子分析进行了检验，为了对各变量间的理论逻辑进行检验以及为下文的结构方程模型提供参考，我们对变量数据进行验证性因子分析。

（一）金融机构内部因素的验证性因子分析。按照本书的分类，将金融机构内部因素划分为三方面：企业并购项目的选择、企业并购项目的推进、企业并购项目的监管，对这三因素进行验证性因子分析，模型如图 6-2，分析结果如表 6-7 所示。

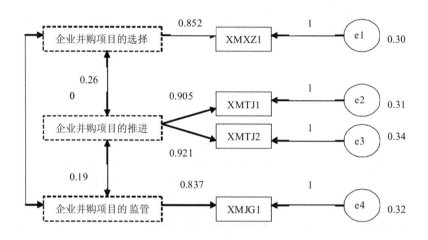

图 6-2 金融机构内部因素验证性因子分析

表 6-7 金融机构内部因素聚合效度分析

拟合指标	x^2/df	RMR	RMSEA	GFI	NFI	RFI	CFI
测量结果	4.35	0.049	0.071	0.942	0.913	0.956	0.928

由图 6-2 和表 6-7 可得金融机构内部因素各指标的验证性因子分析效果良好，变量的标准化因子载荷均高于 0.5，相关拟合指标均高于评价标准；另外，企业并购项目的选择、推进、监管三个指标的 AVE 值分别为 0.820、0.913、0.799，均高于 0.5，聚合效度良好。

（二）社会环境因素的验证性因子分析。按照本书的分类，将社会环境因素划分为两个方面：基础环境和社会网络效率，对这两因素进行验证性因子分析，模型如图 6-3，分析结果如表 6-8 所示。

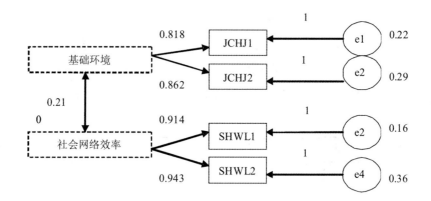

图 6 - 3　社会环境因素验证性因子分析

表 6 - 8　　　　　　　　　社会环境因素聚合效度分析

拟合指标	x^2/df	RMR	RMSEA	GFI	NFI	RFI	CFI
测量结果	3.89	0.036	0.063	0.891	0.913	0.922	0.834

由图 6 - 3 和表 6 - 8 可得金融机构内部因素各指标的验证性因子分析效果良好，变量的标准化因子载荷均高于 0.5，相关拟合指标均高于评价标准；另外，企业并购项目的选择、推进、监管三个指标的 AVE 值分别为 0.861、0.805、0.879，均高于 0.5，聚合效度良好。

（三）企业跨国并购金融支持水平的验证性因子分析。按照本书的分类，将企业跨国并购金融支持水平因素划分为三个方面：金融机构支持能力，金融产品创新能力，金融制度支持能力，对这三因素进行验证性因子分析，模型如图 6 - 4，分析结果如表 6 - 9 所示。

表 6 - 9　　　　　　　金融支持水平因素聚合效度分析

拟合指标	x^2/df	RMR	RMSEA	GFI	NFI	RFI	CFI
测量结果	4.29	0.041	0.069	0.921	0.812	0.906	0.822

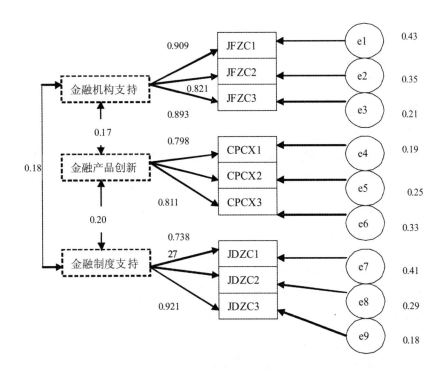

图 6 - 4　金融支持水平因素验证性因子分析

由图 6 - 4 和表 6 - 9 可得金融机构内部因素各指标的验证性因子分析效果良好，变量的标准化因子载荷均高于 0.5，相关拟合指标均高于评价标准；另外，金融机构支持能力，金融产品创新能力，金融制度支持能力三个指标的 AVE 值分别为 0.811、0.901、0.889，均高于 0.5，聚合效度良好。

第四节　结构方程模型修正与假设检验

本节基于前文的 Cronbach's alpha 系数信度检验、探索性因子分析、验证性因子分析的测算结果，进一步对假设进行结构方程检验，并根据结构方程模型的检验结果进行修正，确定最终模型得出企业跨国并购金融支持的影响因素的相关结论。

一 相关性分析

首先对一阶自变量因子与因变量、二阶自变量因子与因变量之间的相关性进行检验，测算结果如表6-10、表6-11所示，可以看出一阶和二阶独立变量因子之间并不存在多重共线性问题（相关系数基本位于0.3—0.6之间）；同时一阶自变量因子与因变量、二阶自变量因子与因变量之间的相关系数在0.01或0.05的水平上显著正相关，符合进一步结构方程模型检验的要求。

表6-10　　　　　　　　一阶因子相关分析结果

变量名称	XMXZ	XMTJ	XMJG	JCHJ	SHWL	JGZC	CPCX	ZDZC
XMXZ	1							
XMTJ	0.392**	1						
XMJG	0.467**	0.524**	1					
JCHJ	0.387*	0.439**	0.423**	1				
SHWL	0.502**	0.478*	0.497**	0.441**	1			
JGZC	0.529*	0.356**	0.528**	0.480**	0.522**	1		
CPCX	0.439**	0.573**	0.510*	0.342**	0.459**	0.521**	1	
ZDZC	0.511**	0.393**	0.519*	0.588**	0.381**	0.561**	0.414**	1

注：***、**、*分别代表在1%、5%、10%水平下通过显著性检验

表6-11　　　　　　　　二阶因子相关分析结果

变量名称	JRJG	SHHJ	JRZC
JRJG	1		
SHHJ	0.412**	1	
JRZC	0.447**	0.528**	1

注：***、**、*分别代表在1%、5%、10%水平下通过显著性检验

二 结构方程模型的检验与修正

我们根据前文的假设和检验结果，建立一阶因子和二阶因子的初

始模型，如图 6 - 5 和图 6 - 6 所示，并将数据输入结构方程模型中，对一阶因子和二阶因子的初始模型（MA1 和 MA2）进行拟合。通过第一次初始模型的结果，部分指标与预期结果存在一定差距，产生这种差距的原因大致有两种可能性，一种可能性是初始模型部分指标间的关系路径显著性不好，影响了整体的模型结果；另一种可能性未能将部分指标间的关系路径纳入考量范围。因此，本书通过调整部分指标间的关系路径将初始结构方程模型进行了修正，使得拟合优度指标符合要求从而形成修正后的结构方程模型。

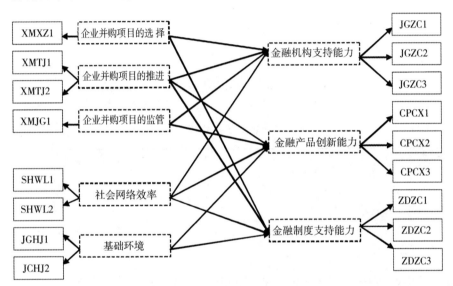

图 6 - 5　一阶初始结构方程模型 MA1

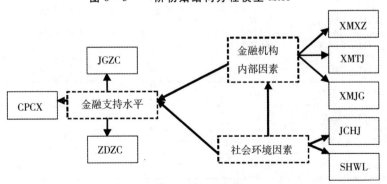

图 6 - 6　二阶初始结构方程模型 MA2

经过反复修正，修正后的二阶结构方程模型路径图，一阶因子模型 MB1 及其拟合优度指标、二阶结构方程模型 MB2 的指标间路径系数及其拟合优度指标如图 6 - 7、表 6 - 12 和表 6 - 15 所示。

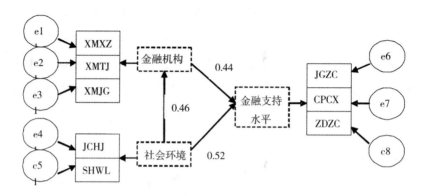

图 6 - 7　修正后的二阶结构方程模型 MB2 路径图

表 6 - 12　　　　　　　　修正的一阶因子初始模型 MB1

影响路径	S. E.	C. R.	P	标准化路径系数估计
XMXZ ~ JGZC	0.034	3.85	***	0.36
XMXZ ~ ZDZC	0.041	4.11	***	0.49
XMTJ ~ CPCX	0.049	1.23	**	0.53
XMTJ ~ ZDZC	0.062	6.20	***	0.37
XMJG ~ ZDZC	0.043	0.97	***	0.58
JCHJ ~ XMTJ	0.087	3.22	***	0.42
JCHJ ~ CPCX	0.067	2.89	***	0.32
JCHJ ~ ZDZC	0.054	5.12	**	0.30
SHWL ~ ZDZC	0.077	2.87	***	0.55
SHWL ~ JGZC	0.081	4.12	***	0.49
SHWL ~ XMTJ	0.055	0.91	***	0.39
SHWL ~ XMJG	0.062	1.25	**	0.54

注：***、**、*分别代表在1%、5%、10%水平下通过显著性检验

表 6 – 13　　　　　　　　　　MB1 拟合优度指标

拟合指标	x^2/df	RMR	RMSEA	GFI	NFI	RFI	CFI
测量结果	2.29	0.041	0.044	0.932	0.880	0.916	0.807

表 6 – 14　　　　　　　　修正的二阶因子初始模型 MB2

影响路径	S. E.	C. R.	P	标准化路径系数估计
JRJG ~ JRZC	0.062	2.81	***	0.32
SHHJ ~ JRZC	0.045	3.26	***	0.44
SHHJ ~ JRJG	0.053	2.29	***	0.56

注:***、**、*分别代表在1%、5%、10%水平下通过显著性检验

表 6 – 15　　　　　　　　　　MB2 拟合优度指标

拟合指标	x^2/df	RMR	RMSEA	GFI	NFI	RFI	CFI
测量结果	2.71	0.051	0.042	0.837	0.899	0.921	0.807

第五节　实证结论分析

通过上文修正后结构方程的检验结果，我们可以得出以下结论。

（一）模型分析结果。由表 6 – 13 可知，修正后的 MB1 的卡方自由度比值为 2.29 < 3，RMR 值为 0.041 < 0.05，RMSEA 值为 0.044 < 0.08，拟合优度其他指标均大于 0.8，说明结构方程模型 MB1 经过修正达到预期效果。由表 6 – 15 可知，修正后的 MB2 的卡方自由度比值为 2.71 < 3，RMR 值为 0.042 < 0.05，RMSEA 值为 0.051 < 0.08，拟合优度其他指标均大于 0.8，说明结构方程模型 MB2 经过修正也达到了预期效果。因此，本书针对企业跨国并购金融支持影响因素建立的结构方程模型可以接受。

（二）整体分析结果。通过图 6 – 7 修正后的结构方程二阶因子模型可知，金融机构内部因素对企业跨国并购的金融支持水平有正向的

显著影响，系数大小为 0.44，也就是说金融机构内部因素提高 1 个百分点，企业跨国并购的金融支持水平提高 0.44 个百分点；社会环境因素对企业跨国并购的金融支持水平有正向的显著影响，系数大小为 0.52，也就是说社会环境因素提高 1 个百分点，企业跨国并购的金融支持水平提高 0.52 个百分点；社会环境因素对企业跨国并购的金融支持水平有正向的显著影响，系数大小为 0.46，也就是说社会环境因素提高 1 个百分点，企业跨国并购的金融支持水平提高 0.46 个百分点。

（三）局部分析结果。在我们对结构方程模型反复修正的过程中，我们对原假设也进行了验证：从金融机构内部因素的 3 个维度到企业跨国并购的金融支持水平 3 个维度的测算结果来看，有 4 个原假设通过了检验，另外 1 个原假设由于路径系数的不显著而被修正，总体而言对金融机构内部因素促进企业跨国并购的金融支持水平这一假设给予肯定。从社会环境因素的 2 个维度到企业跨国并购的金融支持水平 3 个维度的测算结果来看，有 3 个原假设通过了检验，另外 1 个原假设由于路径系数的不显著而被修正，总体而言对社会环境因素促进企业跨国并购的金融支持水平这一假设给予肯定。从社会环境因素的 2 个维度到金融机构内部因素 3 个维度的测算结果来看，有 4 个原假设通过了检验，另外 1 个原假设由于路径系数的不显著而被修正，总体而言对社会环境因素促进金融机构内部因素这一假设给予肯定。

本章是对绩效分析的补充，主要探究企业跨国并购金融支持的影响因素，通过结构方程模型（SEM）对企业跨国并购金融支持的影响因素进行实证分析，首先对各影响因素进行了维度设计，通过问卷调查的形式进行数据获取，并通过 Cronbach's alpha 系数法、探索性因子分析法、验证性因子分析法对样本数据和问卷结构进行检验，在此基础上对金融机构内部因素、社会环境因素与金融支持水平因素间的相关性、路径系数、拟合优度进行检验，得出以下结论：金融机构内部因素和社会环境因素对企业跨国并购的金融支持水平均有正向的显著影响，且社会环境因素的影响程度更大。

第七章　新时代我国企业"走出去"的金融风险研究

新时代下随着"一带一路"建设格局的逐步形成，我国对外直接投资进入了快速发展时期，我国企业"走出去"的重点开始转向"一带一路"建设，重点以投资基础设施建设为突破口，2017 年，我国企业对"一带一路"沿线投资高达 143.6 亿美元，创下历史新高。面对沿线各国巨大的投资需求，解决"资金融通"之路任重而道远，加大金融支持企业对外投资力度、加强我国与东道国的金融合作等一系列任务十分艰巨，然而，更为重要的是企业"走出去"过程中金融风险的防范，只有维护好金融安全才能保证企业"走得稳、站得住"。

第一节　新时代我国企业"走出去"的金融风险识别

金融风险问题是我国企业"走出去"过程中首要关注的问题，中共十九大报告、第五届全国金融工作会议以及 2018 年中央经济工作会议都明确将"防风险"列为金融工作的重中之重，因此正确识别新时代我国企业"走出去"的金融风险，提前分析判断对外投资过程中可能发生的金融风险，尤其是"一带一路"背景下的对外投资风险，关系到企业对外投资的效益、关系到国内金融支持机构的安全，意义重大。当前，关于企业对外投资过程中所涉及的金融风险主要表现在以下几个方面。

第一，对外投资收益的不确定性。新时代我国企业"走出去"以"一带一路"为重点，自 2013 年"一带一路"倡议提出以来，我国在沿线国家的对外投资主要以基础设施投资为主，基础设施投资本身的投资回报周期很长，收益率高低很大程度上与规模效益相关，现阶段我国在"一带一路"沿线国家的基础设施投资多采用直接投资、央企国企对外承包工程的模式以及 PPP 模式，总体还是以政府主导投资为主。然而在一些沿线国家重点项目的招标、竞标阶段，由于东道国比较苛刻的招标要求以及来自美日等国的非公平竞争，我国在一些基础性工程的成交价格往往会受到压制。因此，我国企业在对外投资过程中出于以上种种原因，整体的投资收益率偏低，未来"一带一路"建设过程中投资收益的不确定因素多，收益情况很难确定，存在低回报率甚至负收益率的风险。

第二，资金供给的约束性风险。当前我国企业"走出去"主要集中在"一带一路"沿线国家，而沿线国家的基建设施投资有个共性特点是总体经济水平滞后，基础建设老化，所面临的资金需求很大。据不完全测算，"一带一路"建设中基建部分的总投资规模将超过60000 亿美元，单单亚洲地区的资金投入就要超过 8000 亿美元，如此巨大的资金供给单靠我们中国的一家之力远远不够，即便依靠亚洲基础设施投资银行（AIIB）、丝路基金等多边金融机构的资金支持，也不足以弥补沿线各国的资金缺口，所以整个投资需要东道国与投资国双方的共同支持以及社会资金、境外投资者的共同参与。但就现阶段的东道国的经济金融发展状况而言，只有部分欧洲发达经济体和东亚新兴经济体有能力参与共建投资之外，大部分沿线国家都不具备相应的资金供给实力，这也就迫使中国成为最大的出资方。如果说在"一带一路"建设初期，中国作为倡议发起国承担更多的资金供给角色在情理之中，但在未来长期的"共商共建共享"之路上，中国一定要解决资金供给的约束性问题。可见,资金供给的约束性风险成为当前亟须解决的瓶颈问题之一。

第三,宏观经济环境安全的不确定性。我国企业是否能顺利"走出去"的一个关键因素即是东道国的宏观经济环境,与美国、欧洲等传统发达国家相比,"一带一路"沿线国家的宏观经济环境不稳定因素很多,国家之间的宏观经济水平差异明显,政治、文化、宗教等非经济因素错综复杂。某些沿线国家或地区近几年处于政党更迭、战争频发、宗教冲突的热点地带,参照《中国"一带一路"投资与安全研究报告(2016—2017)》,沿线65国安全评级为低风险的国家比例仅为6.4%,意味着我国企业"走出去"的外部环境的安全性很难保障。目前已经出现因东道国政局不稳导致中资企业对外投资受损的案例,所以东道国宏观经济环境安全性问题是未来影响我国企业"走出去"效益与安全的因素。本章在后文还将通过实证分析东道国制度质量与中资企业对外直接投资效益之间的问题。

第四,国内地方性政府债务隐患问题。之所以将我国国内部分地方性政府债务问题列为当前企业"走出去"的金融风险因素,是因为地方性政府债务问题作为我国经济五大"灰犀牛"之一,在当前"一带一路"高投资的时代背景下,隐患重重,形成了非良性循环。受制于宏观经济增速影响,2017年绝大多数省份的财政收入都不足以覆盖地方政府的债务余额,在这种高负债的背景下,仅地方政府在"一带一路"沿线国家2015年的投资规模就超过了500亿美元,虽然2017年地方政府在"一带一路"建设的投资力度有所减缓,但长周期、大规模的对外投资势必会对影响地方政府债务,进而有触发地方性政府债务危机的可能性。因此,我国国内地方性政府债务隐患问题是新时代新形势下我国企业"走出去"亟须化解的金融风险之一。

第五,企业跨国并购的估值风险。当前我国企业对外投资过程中主要的方式以跨国并购为主,绿地投资较少,相较于欧美等发达国家，在"一带一路"建设中的跨国并购也多以政府主导为主，从跨国并购的估值风险角度来看主要有三类情况，一是不同国家的风险状况不同，"一带一路"建设的参与国家目前有 65 个，随着项目的持续推进今后的参与国会更多，因此在跨国并购尽职调查中风险评估模型会因各国的经济指标口径、金融数据信息不同使得评估模型更加复杂；二是跨国并购的估值模型中还要考量国家信用评级，而"一带一路"沿线有三分之一的国家从未参与过信用评级，同时这些国家的资本市场发展滞后、汇率波动剧烈、通货膨胀率较高，使得并购估值模型中部分重要参数缺失，跨国并购估值风险难以估计；三是"一带一路"沿线国家中很多国家并没有完善的会计准则体系，给企业跨境并购的估值评判带来很大困难，因为传统的估值风险分析是基于成熟市场的各项财务数据指标，而对于部分国内政治、经济形势复杂的国家的风险分析，都超出了经典估值模型的测算范围，导致企业的跨国并购估值模型需要进行复杂的修正。

第六，汇率波动风险。汇率风险是企业对外投资永远无法绕过的金融风险之一，而在新时代以"一带一路"为主抓手的开发新格局下，警惕汇率波动风险变得尤为重要。纵观 65 个"一带一路"参与国，大部分国家都属于新兴市场国家，新兴市场经济体的一个重要特点是汇率波动风险较大，尤其在国际经济不确定因素增多的背景下，参与国的本币经常会受到美联储加息、国际大宗商品价格波动剧烈（石油、铁矿石等产品价格下跌）等因素影响，致使新兴国家或地区的资金流向美国，本国外汇储备下降进而本币贬值。例如，2015 年我国"一带一路"工程承包企业就因所在国家的汇率波动而受到影响，部分国家的本币贬值幅度超过了百分之三十，像委内瑞拉、俄罗斯、哥伦比亚等国家的本币贬值幅度达到了百分之四十—百分之五十。因此，汇率波动风险将是未来我国企业"走出去"重点防范的金融风险。

第二节　新时代我国企业"走出去"
的金融风险传导机理

当前国际经济一体化、金融发展自由化是国际金融环境发展的大趋势，与此同时纷繁复杂的金融环境也带来了一系列的金融风险，在前文关于企业对外投资金融风险甄别的基础上，本部分进一步对新时代我国企业"走出去"金融风险的传导条件、传导路径与传导机制进行分析，在丰富完善金融风险理论的同时为我国企业对外直接投资中金融风险防范提供对策支持。

一　新时代对外投资金融风险的传导条件

新时代下金融开放是各国金融发展的主流，国与国之间、各经济体之间不断深化金融的合作与交流，这种便利的大趋势使得金融风险的传导通道变得捉摸不定，其传导条件主要有以下三个方面：第一，科技信息化的快速传播。信息间的互通交流使金融风险的传播成为可能，新时代下世界金融资源的配置日趋优化，金融资源的有效利用率不断提升，全球一体化的形成使各国之间的金融市场联系更加紧密。同时科技信息化带动的金融新业态使得金融风险传播不再局限于单个国家的金融市场，金融领域中一旦产生关于风险的负面消息，在科技信息化社会会迅速传播，其"蝴蝶效应"的蔓延速度比传统媒介时代要快很多；第二，金融市场自身无法消化。金融机构组织自身具备化解金融风险的能力，当然这种能力的大小因金融机构自身资产情况、风控情况而异，尤其是一些中小金融机构在处理重大金融风险时会出现自身无法消化的情况，这种风波会很快蔓延到相关联的金融市场主体或他国经济体；第三，金融运行体系和监管体系的欠完善。随着新时代的到来，新金融模式也应运而生，多种金融新业态如雨后春笋般蓬勃发展，科技金融、互联网金融的发展革新速度似乎已经超过了市场监管的更新速度，金融运行体系中出现的违规操作行为以及监管体系中难免出现的漏洞成为金融风险传播的条件之一。

二　新时代对外投资金融风险的传导路径

随着日趋开放的经济环境，金融组织之间的联系更趋于网状化，这也使得金融风险的传导路径错综复杂，具体来看主要有以下几种形式：一是金融机构内部的风险传导，例如商业银行某业务部门因操作失误或者经办的贷款类业务造成逾期，带来的损失影响到其他部门，此类金融风险的影响范围较小，通常波及范围仅限于金融机构的部门与部门之间，产生的风险影响也一般是在该金融机构的系统分支内；二是金融机构之间的风险传导，此类风险的诱发原因既有可能来自金融机构自身，又有可能来自于金融机构共同的大客户群，从近年的市场情况来看，后者是此类风险的主要导火索，往往一个集团大客户的不良贷款就会造成多家金融机构受到牵连，极易产生区域性的金融风险；三是金融市场之间的风险传导，庞大的金融市场在新时代种类更加多元、联系更加密切，货币、股票、期权、期货、外汇、债券、保险等金融市场间的风险传导可谓牵一发而动全身，股价波动、机构投资者过度投资、汇率波动等都会形成相互交叉影响的金融市场风险；四是国家金融风险的全球流动，最具代表性的例子就是 2008 年美国的次贷危机演化成了全球的金融危机风暴，所以在经济全球化的今天，一个国家金融风险的出现都会或多或少的影响到周边国家或者贸易伙伴国。总的来说，新时代企业对外投资的金融风险的传导路径可以用图 7 - 1 清晰的展示：

三　新时代对外投资金融风险的传导机制

新时代我国对外开放以"一带一路"建设为主线，在对外开放新

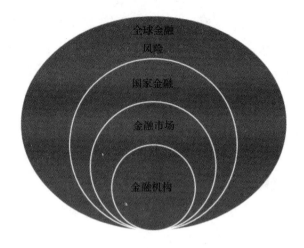

图 7 - 1 金融风险传导路径堆积维恩图

格局的背景下对外直接投资金融风险也更具有多样性，就传导机制而言可以分为四个方面（如图 7 - 2）：

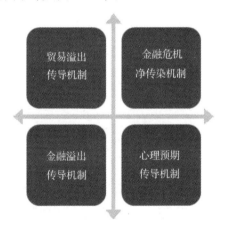

图 7 - 2

（一）贸易溢出传导机制。金融风险通过贸易溢出进行传导是比较常见的方式之一，当前逆全球化、贸易保护主义所引发的金融风险正通过贸易溢出机制影响着多个国家或地区，在经贸往来日益频繁的时代一个国家的金融风险的加剧会直接影响到其贸易伙伴国，例如某国金融风险的恶化导致本国货币大幅贬值，导致其贸易顺差增大，影响到贸易伙伴国的赤字增加，对贸易伙伴国的经济稳定造成冲击，于是金融风险就这样在两国贸易层面中通过贸易溢出机制传导开来。

（二）金融危机净传染机制。这种机制是指一个国家发生金融危机后，导致投资者改变了对另外类似国家的预期（即使该类似国家的经济状况并没有改变），进而产生金融危机的现象。按照投资者对类似国家的情况判断来分类，通常划分为三类：经济净传染（两国的经济基础或金融政策相似）、政治净传染（两国的政治状况或政治环境相似）、文化净传染（两国的历史文化或文化背景相似）。

（三）金融溢出传导机制。相较于贸易溢出传导机制，金融溢出目前已经成为国际对外投资中金融风险传导速度最快、最主要的方式。所谓"金融溢出传导机制"是指，当某国发生金融危机或者大范围的金融风险积聚性爆发，受到投机性冲击所导致市场流动性不足，进而触发其关联国资本大规模的外逃。通常情况下金融溢出传导机制分为直接溢出和间接溢出两种方式，金融直接溢出传导是限于两个相互关联具备投资关系的国家，金融间接溢出传导是两个国家并没有投资关系，但在投资关系上两国却有共同的第三国作间接纽带。在全球经济高度一体化下，国与国之间通常都会互相持有对方大量的有价证券，当一国发生系统性金融风险时，投资者会重新布局其投资组合，通过出售大量其他国家的资产来对冲风险，这会给该国的金融市场带来巨大的流动性冲击。

（四）心理预期传导机制。心理预期传导机制与"经济季风效应"有一定相似之处，是指当一国金融风险发生后，与该国没有实质性经济联系的经济体出于心理预期的判断，对本国金融态势做出了不恰当的金融风险规避，进而导致本国金融市场产生波动。这种悲观情绪迅速蔓延至其他经济体中，逐渐形成了金融风险的恶性循环。例如，2014 年欧债危机产生之后全球经济发展不确定性因素大大增多，中国作为全球经济增长重要贡献国也难以独善其身，国外很多机构投资者出于对外贸出口的悲观心理预期导致中国的部分经济指标一度出现不同程度的下降，这无疑引发世界很多国家对全球经济复苏的新一轮悲观心理预期。通常情况下，基金公司、券商相比商业银行等其他金融机构在判断国际性的金融风险时悲观心理因素会更加敏感，这种心理预期传导机制会使得基金公司、券商在规避金融风险时做出某种"矫枉过正"的偏离，放大了金融风险从国外传导到本国的风险预期，加剧了世界经济一体化下金融风险对国内金融环境的冲击。

第三节 金融风险、制度质量对企业"走出去"绩效的影响分析

为了更加准确分析我国企业"走出去"过程中金融风险的影响，本书以"一带一路"沿线国家为样本，引入东道国制度质量因素，实证分析金融风险对企业对外直接投资绩效的影响。本书采用随机前沿模型对企业对外直接投资效率进行分析，并且在面板数据分析时，设定控制变量为时间虚拟变量、地区虚拟变量，允许单边误差项的均值和方差受样本国家中制度质量的影响。

一 模型设定

随机前沿模型设定如下：

$$\begin{cases} y_{it} = x_{it}\beta + \varepsilon_{it} \\ X_{it} = (1, X_{it}, f_i, t_1) \\ \sum_{it} = V_{it} - u_{it} \\ v_{it}: N(0, \sigma_v^2) \\ u_{it}: N^+[\mu_{it}(Z_{it}), \sigma_{it}^2(Z_{it})] \end{cases} \tag{7.1}$$

上述模型中各符号说明如表7-1所示。

表 7 - 1 实证模型中各变量符号说明

符号名称	含　义
y_{it}	我国企业在 t 期对"一带一路"沿线第 i 个国家的对外直接投资流量
X_{it}	解释变量
β	待估参数向量
ε_{it}	误差项
	影响 y_{it} 的各种因素
f_i	地区控制变量
t_i	时间控制变量
v_{it}	白噪声，服从正态分布
u_{it}	单边误差项（非负的投资效率损失项），服从均值为 μ_{it}、方差为 σ_{it}^2 的非负断尾正态分布

随机前沿模型的对数似然方程为：

$$\begin{cases})\,] - \ln\left[\,\psi\,\left(\dfrac{u_{it}}{\sigma_{it}}\right)\,\right] + \ln\left[\,\psi\,\left(\dfrac{u_{it}}{\sigma_{it}}\right)\,\right] \\ \\ \sigma_{it}^2 = \dfrac{\sigma_v^2\sigma_{it}^2}{\sigma_v^2 + \sigma_{it}^2} \end{cases}$$

投资效率指数 IEI 为：

二　数据来源

本部分所采用的企业对外投资数据来源于国家商务部每年度公布的中国对"一带一路"沿线国家投资合作报告以及世界银行官方网站。由于部分沿线国家的 OFDI 数据在有些年份空缺，或者有些年份我国没有对该东道国发生对外直接投资，因此，本部分所采用的有效数据样本为 431 个，所采用的样本国家数量为 58 个。

三 描述性统计

本书研究中随机前沿模型中的被解释变量为我国对"一带一路"沿线国家对外直接投资金额，解释变量包括：东道国国家 GDP、东道国人均 GDP、我国的国家 GDP 和人均 GDP、我国与东道国国家之间的距离。以上五类解释变量均做对数化处理。随机前沿模型的虚拟变量参考崔娜（2017）设定的"中国与东道国之间是否拥有共同边界"。本书还将制度变量进行了界定，包括政局稳定性、政府政策效率、腐败程度、产权保护。具体描述性统计见表 7 - 2 所示。

表 7 - 2　　　　　　　　描述性统计

变量类型	变量符号、含义	均值	标准差	最小值	最大值
被解释变量	对外直接投资流量（lnofdi - flow）（万美元）	9.132	2.671	0	14.540
解释变量	"一带一路"沿线各国进出口总额占GDP比重（openness）	84.209	48.705	25.703	409.546
	"一带一路"沿线各国 GDP（万美元）（lngdp）	15.859	1.441	12.286	20.289
	"一带一路"沿线各国人均 GDP（万美元）（lngdp - ave）	-0.556	0.349	-3.399	2.269
	我国与"一带一路"沿线各国之间的距离（lndis）	8.664	0.387	7.486	9.238
	我国与"一带一路"沿线各国之间的自然资源租金之差（rent）	-4.547	17.532	-84.984	14.417
	我国与"一带一路"沿线各国是否拥有共同边界（contig）（虚拟边界）	0.200	0.400	0	1
	我国 GDP（lngdp - c）	20.206	0.431	19.425	20.758
	我国人均 GDP（lngdp - c - ave）	-0.809	0.418	-1.569	-0.276

续表

变量类型	变量符号、含义	均值	标准差	最小值	最大值
制度变量	政局稳定性（pol－stability）	－0.290	0.932	－2.564	1.843
	政府政策效率（gov－effectiveness）	0.013	0.751	－1.759	2.430
	腐败程度（gov－corruption）	3.507	0.399	2.303	4.543
	产权保护（property－rights）	3.580	0.494	1.609	4.500
	我国与"一带一路"沿线各国是否签订双边协定（虚拟变量）	0.256	0.437	0	1

四　模型估计结果

本部分的估计结果分为三个部分，一是对外直接投资的影响因素分析；二是投资非效率方程考虑了投资的一阶效应；三是投资风险方程度量了投资的二阶效应。具体估计结果如表7－3所示。

表7－3　　　　　　　　　模型估计结果

	$\delta = \gamma$	$\gamma = 0$	$u_{it} = 0$	$\gamma = u_{it} = 0$	$u_{it} = \sigma_{it}^2 = 0$	δ 和 γ 无限制	
	Model 1	Model 2	Model 3	Model 4	Model 5	Model 6	Model 7
Equation1（OFDI）							
openness	0.010***	0.008***	0.009***	0.014***	0.013***	—	0.007***
	(0.002)	(0.002)	(0.002)	(0.002)	(0.002)		(0.003)
lngdp	0.443***	0.419***	0.427***	0.939***	1.137***	0.681**	0.469***
	(0.079)	(0.086)	(0.077)	(0.094)	(0.084)	(0.076)	(0.083)
lngdp－ave	－0.138	－0.169	－0.197	－0.636**	－0.723	－0.081	0.014
	(0.169)	(0.156)	(0.137)	(0.130)	(0.144)	(0.186)	(0.150)
lndis	0.896*	0.839	0.927*	－0.696	－0.737	－0.655	0.450
	(0.576)	(0.588)	(0.487)	(0.864)	(0.084)	(0.673)	(0.543)

	$\delta=\gamma$	$\gamma=0$	$u_{it}=0$	$\gamma=u_{it}=0$	$u_{it}=\sigma_{it}^2$ $=0$	δ 和 γ 无限制	
	Model 1	Model 2	Model 3	Model 4	Model 5	Model 6	Model 7
rent	-0.026***	-0.025***	-0.023***	-0.024***	-0.036***	—	-0.012*
	(0.008)	(0.008)	(0.008)	(0.008)	(0.008)		(0.008)
contig	1.586***	1.331**	1.437***	1.123***	1.134***	—	1.307***
	(0.221)	(0.225)	(0.219)	(0.354)	(0.362)		(0.218)
lngdp - c	-74.754	-45.948	-49.153	1.850	4.992	26.654	-11.446
	(57.898)	(56.965)	(54.901)	(74.031)	(76.967)	(56.245)	(53.294)
lngdp - c - ave	78.227	49.423	52.153	0.076	-3.672	-25.675	-13.549
	(59.348)	(54.380)	(56.901)	(77.357)	(72.127)	(57.854)	(57.104)
Equation2 (投资非效率)							
stability	-0.268***	-0.566	—	—	—	-0.995*	-1.986**
	(0.119)	(1.789)				(0.695)	(0.987)
effective	0.686**	0.657	—	—	—	-1.676***	-0.213
	(0.423)	(1.777)				(0.885)	(0.623)
corruption	0.966**	1.561	—	—	—	-2.347***	-0.941
	(0.489)	(2.724)				(0.795)	(0.687)
property - rights	-1.001***	0.768	—	—	—	-0.905*	-1.236***
	(0.319)	(1.719)				(0.495)	(0.447)
Equation3 (投资风险)							
stability	-0.384***	—	—	-0.576	—	-0.805*	-1.916**
	(0.589)			(1.439)		(0.205)	(0.947)
effective	0.706**	—	—	0.677	—	-1.698***	-0.203
	(0.493)			(1.937)		(0.867)	(0.626)
corruption	0.756**	—	—	1.671	—	-2.987***	-0.901
	(0.329)			(2.724)		(0.799)	(0.677)

续表

	$\delta = \gamma$	$\gamma = 0$	$u_{it} = 0$	$\gamma = u_{it} = 0$	$u_{it} = \sigma_{it}^2$ $= 0$	δ 和 γ 无限制	
	Model 1	Model 2	Model 3	Model 4	Model 5	Model 6	Model 7
property – rights	-1.341^{***} (0.350)	—	—	0.768 (1.129)	—	-0.195^* (0.430)	1.236^{***} (0.407)

注：*、**、***分别表示 10%、5%、1% 的显著性水平。

在表 7 - 3 的实证估计结果中，Model6 和 Model7 是无限制 Model，Model1 至 Model5 是在 Model7 的基础上加入了相应的限制条件，所有 Model 均控制了地区虚拟变量和时间虚拟变量。其中，Model6 为传统的引力 Model，只加入了两国 GDP、人均 GDP 以及双边距离变量。Model7 在 Model6 的基础上加入了两国是否有共同边界的虚拟变量、两国相对自然资源租金变量以及"一带一路"沿线国家的开放性水平。Model1 至 Model5 均为限制性 Model，其限制性表现为对 Model7 中异方差的约束。其中，Model4 假设 $\delta = \gamma$，这意味着在投资非效率方程和投资风险方程中，相同的制度变量拥有相同的系数。Model2 的假设条件为 $\gamma = 0$，其对应的是巴特斯和科埃利（Battese 和 Coelli，1995）的 Model 处理方式，即制度变量对投资风险无影响。Model4 加入了半正态分布假设，即投资非效率方程中所有的系数不需要被估计，这与考迪尔（Caudill 等，1995）的异方差半正态分布 Model 估计方式是一致的。Model5 进一步增加了约束，此时，在投资风险方程中不需要对各制度变量的系数进行估计，该 Model 的约束方式与艾格纳（Aigner 等，1977）一致。Model5 则不考虑制度变量对投资非效率和投资风险的影响，从本质上来说，Model5 并未考虑单边偏差效应，说明其为线性 Model。

表 7 - 2 的前沿面估计结果在 7 个 Model 中高度一致。（1）在所有 Model 中，"一带一路"沿线国家的 GDP 均在 1% 的水平上显著，

有 6 个 Model 的弹性系数在 0.419—0.940 之间，说明用于度量"一带一路"沿线国家市场规模的 GDP 每增加 1 个百分点，中国对其的 FDI 将增加 0.4—0.94 个百分点；（2）用于度量"一带一路"沿线国家发展水平的人均 GDP 在 6 个 Model 中的估计结果均为负，但大部分不显著，说明中国对"一带一路"沿线国家的对外直接投资属于市场规模倾向型，且投资对象主要集中在发展程度并不高的国家。由此可以证明，中国与发展中国家已经建立起良好的合作关系。事实也的确如此，2015 年商务部的投资公告数据显示，中国对外直接投资存量的 83.9% 分布在发展中经济体；（3）距离变量在决定中国 FDI 方面并不是一个重要的影响因素，但中国与"一带一路"沿线国家有共同边界会大大提高中国的对外直接投资水平。这说明中国对外直接投资虽不受制于距离因素，但与周边国家的投资关系更为密切；（4）自然租金变量在 Model2 至 Model7 中的系数均为负，且非常显著，这在一定程度上说明中国 FDI 对"一带一路"沿线国家自然资源的依赖性较大，反映出对外投资的资源寻求动机。此外，"一带一路"沿线国家的对外开放程度至少在 5% 的水平上显著为正，即这些国家的外贸依存度越高，与世界经济的联系就越紧密。中国对这些国家的对外直接投资水平也显著提高，该弹性至少在 5% 的水平上显著，且弹性介于 0.007—0.015 之间。这说明一国越开放，别国对其进行投资的人为阻力就越小，投资成本也越低，因此会吸引越多的外资流入。结合 7 个 Model 的估计结果可知，前沿 Model 中各变量的估计结果非常稳健。

第八章 企业跨国并购金融支持的
经验借鉴

通过前文的理论分析和实证分析，本章将梳理国际上成功的经验，从而对后文的政策建议提供参考。从全球范围来看，金融机构参与企业跨国并购已经是很多国家的通行做法，尤其在发达国家及地区，通过政策性金融为主导的金融支持在推进企业跨国并购方面发挥了重要作用。本章选取美国、日本、韩国三个国家在金融支持企业"走出去"的政策措施方面进行了对比研究，其中美国、日本作为发达国家的代表，金融发展水平居世界前列，国内拥有大量发展成熟的跨国公司，本国企业在全球范围内有着丰富的跨国并购经验；韩国作为新兴工业国家，本国企业也正在经历"走出去"的跨境投资之路，因此，通过分析美国、日本、韩国三个国家跨国并购金融支持的经验、特点，旨在为我国企业跨国并购的金融支持体系建设提供经验借鉴。

第一节 美国企业跨国并购的金融支持及借鉴

一 美国企业跨国并购的政策性金融支持

美国国内针对本国企业海外投资的政策性金融机构有很多，有美国进出口银行、美国对外信贷保险协会、美国中小企业管理局、美国海外私人投资公司等，这些政策性金融机构为美国企业海外并购提供资金支持、信贷担保支持、政策性保险支持等一系列的金融支持方案。

美国进出口银行作为美国的政策性银行，其资金来源主要为国家财政部拨款，基于非营利性的特点，美国进出口银行的服务对象一般是那些无法获得商业银行信贷支持的跨国企业，具体包括两种专项贷款，一种是对外直接投资贷款，主要给予参与跨国并购的企业一定额度的投资贷款，用于海外投资或者并购活动；另一种是开发资源贷款，该类贷款主要针对美国某些企业参与国外资源类的投资并购业务，例如石油、矿产、天然气等战略资源。为了更大程度的为中小企业海外投资提供政策性金融支持，2002 年，美国政府要求美国进出口银行对中小企业的贷款额度提升一倍。

美国对外信贷保险协会是美国进出口银行的一个从事海外保险业务的代理机构，该保险协会的主要业务是为企业海外投资的出口信贷通过政策性保险。美国对外信贷保险协会最早是由美国进出口银行作为召集方与 50 多家专门从事海外保险的公司共同组建，目前美国对外信贷保险协会演变为美国进出口银行的专业代理机构，为美国企业海外并购、跨境投资在政治风险、商业风险方面提供担保。

美国中小企业管理局在中小企业跨国并购方面提供了较大的政策性金融支持，具体包括三种金融服务：第一种是直接投资贷款，该类贷款重点的支持对象是小型企业，按照美国《财富》杂志认定的企业规模标准，如果某小型企业不属于规模标准范围的公司就可以向美国中小企业管理局申请"直接投资贷款"，鉴于小型企业海外投资的资金规模有限，美国中小企业管理局的直接投资贷款规模一般在 90 万—600 万美元之间，每家企业获得的贷款额度平均在 300 万美元左右；第二种是发展中国家投资贷款，该类贷款主要是美国中小企业局对参与发展中国家海外投资、跨国并购的中小企业给予的政策性贷款，贷款规模比直接投资贷款大，一般在 1000 万—7500 万美元之间，每家企业获得的贷款额度平均在 2000 万美元左右；第三种是对外投资保险，该保险是针对参与海外并购的企业在目标国家发生的政治风险、战争风险等进行投保。

美国海外私人投资公司是美国国际开发合作总署专门为企业海外投资设立的政策性金融机构，特别是为美国中小企业在海外并购方面提供资金保证和保险服务，美国海外私人投资公司主要开展以下几个方面的业务：第一个方面是为企业跨境并购提供融资贷款，美国海外私人投资公司所提供的贷款期限长、利率低，减轻了中小企业海外投资的还款压力；第二方面是海外保险服务，美国海外私人投资公司在支持企业海外投资方面，一是优先支持中小企业；二是优先支持投资发展中国家的企业。在投保金额方面，海外私人投资公司给予的支持力度非常大，常规的投资项目的投保金额最高为 2.5 亿美元，特殊领域（油气化工）的投保金额最高可以达到 4 亿美元，为了最大程度的保障中小企业海外投资的权益，美国海外私人投资公司规定企业投保金额最大可以为企业海外投资金额的 90%，投保期限最长为 20 年；第三个方面是智力支持，美国海外私人投资公司为企业海外投资提供战略咨询、信息支持等业务。美国海外私人投资公司已经为国内企业在世界范围内 140 多个国家提供过政策性金融支持，因此凭借其丰富的海外投资经验，美国海外私人投资公司为参与海外业务的企业定期提供资料分析，具体包括目标国家的宏观经济形势、法律咨询、目标企业背景审查等，为企业"走出去"给予最大的智力支持。

二　美国企业跨国并购的商业银行支持

纵观美国历史上 5 次较大的并购浪潮，其中有 3 次并购浪潮与美国的金融业有直接关系，1916—1929 年的第二次并购浪潮，美国的投资银行起着主导作用，美国投资银行作为企业跨国并购融资的资金供给方，对企业跨国并购的选择具备决定权，各家投行只对固定的合作企业客户或者有意向的并购事件给予资金支持，一些不在投行的合作范围之内的企业便因缺乏并购资金导致并购失败；1965—1969年的第三次并购浪潮在很大程度上与美国的资本市场有关，当时美国的股市发展良好，企业进行海外并购的融资渠道已经从商业银行转向股票融资，股票收购也取代现金收购成为第三次并购浪潮的主流收购方式；第四次并购浪潮是在1981—1989年之间，这次并购浪潮的重要特点是以金融杠杆收购为特征，而背后的主要推动作用还是来自于美国的投资银行。投资银行为参与海外并购的企业提供战略咨询、并购分析等业务，并因此获得了高额的信息咨询费用，另外律师事务所、财务公司等机构针对并购企业、目标企业设计了并购与反并购的策略方案，得到了并购双方企业的认可，于是金融杠杆收购在那一阶段非常盛行。美国的商业金融机构在支持企业跨国并购中，以投资银行为主，而商业银行的跨境金融服务规模较小，在投资银行中高盛公司已经连续六年占据美国企业并购业务榜的第一位，根据彭博数据统计显示，在2015年全球并购事件中，美国的高盛集团在并购撮合交易榜单中排名第一，其参与的跨国并购事件涉及金额为1.41万亿美元，摩根士丹利和摩根大通位列第二、第三位，并购业务盈利已经成为各投资银行主营业务总收入中最重要的部分。

美国的投资银行针对企业跨国并购业务所设计的服务体系极其完善。首先，美国各大投行的并购业务国际化，高盛、摩根士丹利、摩根大通等顶级投资银行的分支机构遍布全球，资产规模巨大；其次，并购服务全面细致，各投资银行为企业跨国并购提供全方位的金融服务，参与并购的投行从业人员均是顶尖专业并购专家；最后，强大的并购信息科技后台，美国各大投资银行有配备完善的并购信息系统，为企业提供准确及时的并购资料，如汤森路透的SDC并购系统、高盛公司的并购行业资料库等。另外，财务顾问公司同样为企业跨国并购提供全面的金融支持，按照美国企业并购业务中财务顾问的分类标准，有买方财务顾问、卖方财务顾问、独立财务顾问、反收购财务顾问，不同类型的财务顾问为企业跨国并购提供丰富多样的金融咨询服务，如买方财务顾问为企业打造交易成本最低、并购风险最低的跨国并购方案，协助企业参与整个并购过程的全套金融服务、法律服务、咨询服务。

三　美国企业跨国并购金融支持的特点

（一）重视中小企业跨国并购的金融支持。美国十分注重对中小企业跨国并购的金融支持力度，无论是美国进出口银行还是美国海外私人投资公司，均对中小企业海外投资提供了一系列优惠条件，在贷款利率、贷款期限上对中小企业进行政策倾斜。另外，美国政府还特别设立了服务中小企业的政策性服务机构，如美国中小企业管理局、小企业投资公司等，完善中小企业的金融服务体系。

（二）注重对企业跨国并购的信息咨询服务。无论是政策性金融机构还是商业性金融机构，都将信息咨询业务作为支持企业跨国并购的关键一环，因为并购形势的研判以及正确的并购策略是企业最终能否成功并购的基础。例如美国海外私人投资公司定期为企业提供跨国并购信息资料、并购经验交流，为企业并购项目提供可行性分析；高盛、摩根士丹利等投资银行更是将并购咨询业务作为核心业务，为企业走出去提供完善的金融智力支持。

第二节　日本企业跨国并购的金融支持及借鉴

一　日本企业跨国并购的政策性金融支持

与美国的政策性金融机构相比，日本参与企业跨国并购的政策性金融机构种类更多，大致分为政策性银行支持和专项基金支持。

日本国内参与企业跨国并购的政策性金融机构主要有日本进出口银行、日本国际协力银行。日本进出口银行是日本为企业跨国并购提供融资的专业政策性银行，该银行为企业海外投资长期提供低息贷款，并通过多种渠道为企业海外并购提供金融服务，如为日本企业海外公益性项目进行股权投资，或者进出口银行与国内商业银行联合为企业并购提供贷款担保等。另外，日本进出口银行还设立了针对企业海外投资的研究机构——日本海外投资研究所，该机构专门为企业海外投资提供战略信息和投资情报等配套服务，在企业并购前期提供可行性分析、并购信息研判、业务操作指导等咨询类业务，在并购完成后提供目标企业跟踪、并购整合管理等后续服务。日本国际协力银行是日本典型的支持企业走出去的政策性银行，该银行的运营资金大部分为财政资金，是非营利性的金融机构，另外日本国际协力银行要求其所从事的业务活动不与日本的商业银行出现竞争关系。最早日本国际协力银行为国内制造业出口提供金融支持，随着日本国内企业海外扩张，更多的企业寻求国内金融机构的支持，但由于跨国并购风险性较大，一些企业很难获得商业银行的信贷支持，日本国际协力银行便为这些企业走出去提供股权、贷款两种金融支持方式，并与东道国政府的政策性银行合作，为企业提供利率极低的长期贷款。另外，日本国际协力银行还从事并购咨询类业务，定期发布经济形势分析报告和并购信息分析，为参与跨国并购的企业提供战略咨询。除了政策性银行的金融支持，日本政府还推出了"外汇贷款制度"，该制度在推进企业跨国并购方面有着很大的刺激作用，制度中允许日本企业进行海外投资只需缴纳其贷款总数的10%，日本政府甚至采用无息贷款的方式来鼓励中小企业进行海外投资。外汇贷款制度通过"外汇资金特别账户"建立的基金进行运作，由"外汇资金特别账户"向日本国际协力银行、商业银行进行低息贷款，进而鼓励更多的企业参与跨国并购。根据日本企业跨国并购的经验，国内金融业支持企业跨国并购并没有造成本国产业"空心化"的现象，参与跨国并购的企业在发展海外业务的同时，国内业务也在进一步扩大，政策性金融支持企业跨国并购起到了境内境外的双重效应。

　　日本国内支持企业跨国并购的专项基金主要有日本海外经济协力基金、日本特别基金、公私合营投资基金。日本海外经济协力基金是政府支持企业海外投资的专业金融机构，主要是为发展中国家进行海外投资的企业提供资金支持。日本海外经济协力基金的贷款利率较低，而且期限较长，一般为 30 年（其中有 10 年的还款宽限期），大部分贷款为援助性贷款（要求贷款赠予部分不低于 25%），因此极大的刺激本土企业"走出去"。日本特别基金成立于 1988 年，主要是在企业"走出去"的技术层面给予资金支持，主要为企业在海外投资项目中前期筹备活动、咨询活动以及人员培训进行金融支持。公私合营投资基金是由日本海外经济协力基金和 98 家私人企业联合组建，其中日本海外经济协力基金持股比例约为三分之一，该基金的主要服务对象是在发展中国家制造业项目投资的日本企业，特别是对一些并购风险较大、操作难度高的项目进行股权投资。

　　除了上述的政策性金融支持方式之外，日本在保险制度上也进行了改革，为企业跨国并购提供风险保障。日本最早是在 1956 年建立了海外投资保险制度，目的是保障国内企业境外投资的权益，该保险制度以《输出保险法》为法律依据，到了 1987 年《输出保险法》更名为《贸易保险法》，海外投资保险制度进行了改进，具体措施包括以下几个方面：一是政府成立专门的境外投资部门，为企业"走出去"提供海外保险服务；二是海外投资保险以财政资金为保障，对企业跨国并购中发生的政治风险、战争风险提供赔偿率高达 95% 的保险服务，对企业海外投资常规性风险提供赔偿率为 40% 的保险服务，而且海外投资保险的保费非常低，这给企业跨境并购、海外投资带来了很大的政策性支持；三是海外投资保险的制度设计并不是固定不变的，该保险与日本宏观经济形势相结合，保险范围、保险费率、保险补偿率根据参与跨国并购的企业规模、行业背景、战略措施等进行不间断的调整，为企业"走出去"提供专业的保险服务体系。

二 日本企业跨国并购的商业银行支持

近年来日本国内经济发展缓慢，国内大量企业寻求海外投资机会，其中日本商业银行在助推国内企业跨国并购中扮演着重要角色，为本国企业走出去提供融资超过百亿美元。根据数据供应商 Dealogic 公司提供的资料显示，2015 年全球跨国并购贷款组合中，有近六成是来自日本银行业，2008 年金融危机之后日本国内大型的跨国并购事件都有商业银行的金融支持，例如日本能源贸易综合公司伊藤忠商事株式会社以 31 亿美元的价格收购巴西国家铁矿石子公司的 40% 的股份、日本最大的移动通信公司 NTT DOCOMO 以 27 亿美元收购印度塔塔电信公司、日本最大的金融机构——三菱日联金融集团以 90 亿美元收购摩根士丹利 21% 的股份等。

日本商业银行支持企业跨国并购主要通过以下三种途径：第一，为企业提供低成本的并购资金。日本企业在进行海外并购时非常注重长期战略，尤其在能源矿产等资源类行业的并购需要进行长时间的考察，日本银行业为支持国内企业在重点领域的并购，为其提供低利率、长期限的并购贷款资金，日本三家国际化程度较高的银行（三菱日联金融集团、瑞穗金融集团、三井住友金融集团）也长期为企业客户群进行低成本的融资，加之日本国内推行的低利率政策，所以企业在跨国并购中可以获得低成本的并购资金，从而减轻了一定的成本负担；第二，日本商业金融机构为企业"走出去"多样化的金融服务。日本银行业在支持企业海外并购中不仅仅提供商业贷款，也在外汇交易、信用担保、股权交易等交叉业务领域为企业提供金融支持。另外，由于中小企业在跨境投资方面实力经验不足，日本部分商业银行为中小企业提供了并购融资、并购咨询、并购投资的全流程金融服务；第三，"商业性金融＋政策性金融"模式。日本在支持企业跨国并购时特别注重金融支持体系的完善性，利用政策性金融机构（日本进出口银行、日本国际协力银行）的牵头杠杆作用，将日本三大商业银行及部分民间金融机构资金结合，共同为企业跨国并购提供金融支持。

三　日本企业跨国并购金融支持的特点

（一）注重专项基金对企业的支持。日本在推进企业"走出去"的过程中，专项基金的支持一直发挥着重要作用，从日本海外经济协力基金到日本特别基金再到公私合营投资基金，都为企业海外投资带来了巨大的金融支持。日本通过设立并购基金，当地企业可以采用杠杆收购的方式进行运作，只占用企业的少量资金参与并购，后期资金通过并购基金募集，从而增加了自身资金的流动性；另外，日本企业通过并购基金的方式进行融资的同时也获得了一系列金融服务，并购基金机构拥有很多专业的技术人才，为企业在风险规避、法律咨询、并购研判等方面提供帮助。

（二）充分发挥政策性金融的杠杆作用。日本的政策性金融机构种类较多，通过政府引导、法律规范，各机构之间已经形成了完善的政策性金融体系，在政策性金融机构的示范效应下，部分商业银行和民间金融机构将资金投入企业跨国并购之中，政策性银行这种杠杆式的资金带动作用使得政策性金融、商业性金融互相融合，尤其在银团贷款、协调贷款、集中授信等方面弥补了单一金融支持方式的薄弱环节，带动了更多的社会资金支持本国企业"走出去"。

第三节　韩国企业跨国并购的金融支持及借鉴

与美国、日本这样的发达国家相比，韩国作为新兴工业化国家在金融支持企业跨国并购方面起步较晚，但在支持中小企业跨国并购、并购基金建设方面依然有很多值得借鉴的地方。目前韩国在金融支持企业"走出去"方面主要依靠政策性金融机构以及政府主导的基金机构，逐步形成了较为完善的政策性金融支持体系。

一　韩国企业跨国并购的政策性金融支持

韩国中小企业的成长与发展一直是政府关注的焦点，为鼓励韩国中小企业海外投资，韩国政府已经组建了一套中小企业政策性帮扶体系，并充分发挥政策性金融机构对中小企业的支持作用。通过多年的发展，韩国在支持中小企业境外投资上形成了以政策性银行、信用担保基金为主体的政策性金融支持体系。

与美国、日本的政策性金融支持有所不同，韩国政府专为支持中小企业发展设立了特定的金融机构——韩国中小企业银行（IBK），目前该银行已经是韩国三大国有商业银行之一，其服务的客户群体已经达到 16 万家。作为政策性银行，韩国中小企业银行在支持中小企业"走出去"方面发挥巨大作用，尤其在企业并购贷款条件方面给予了很大的灵活性，目前韩国中小企业银行还在海外开设了十几家分支机构，在中国这样的主要投资国设立了 5 家办事处，为在国外投资的韩国企业提供更方便的金融服务。截至 2015 年，韩国中小企业银行贷款总额的 81% 都授信于中小企业，但不良资产率仅为 1.5%，另外，韩国政府为中小企业还设立了信用担保机构——韩国信用担保基金（KCGF），通过信用担保机构的支持，部分中小企业增强了融资能力。韩国信用担保基金成立于 1976 年，作为公共信用保证机构专门为那些有海外投资意向但缺乏抵押质押的中小企业提供担保，在信用担保、信息支持、信用管理等方面为中小企业进行支持，既为中小企业跨国并购获取了信贷支持，又为商业银行风险管理提供了帮助。因此，在金融支持企业跨国并购的过程中，韩国中小企业银行和韩国信用担保基金两大重要的政策性金融机构形成了具备韩国特色的中小企业支持体系，为中小企业跨境投资、综合金融服务以及韩国经济发展发挥重要作用。另外，韩国进出口银行还从 2010 年开始启动了针对中小企业"走出去"培训项目，该项目计划用 10 年的时间培育 100 家优秀跨国企业，来鼓励更多的中小企业参与跨境投资。

二　韩国企业跨国并购的商业银行支持

韩国在商业银行支持方面主要依托于各项并购基金的支持，由于参与跨国并购的企业规模有所差异，韩国针对不同规模的企业设立了多种专项并购基金：对于大型企业跨国并购，主要由韩国投资公司（KIC）的国家基金和国民年金进行资金支持，韩国投资公司（KIC）是韩国管理外汇储备的机构，在支持企业海外并购方式受政策限制较大，国民年金则是以混合基金的方式来支持企业海外并购，其服务对象也只是成熟的大型企业。近几年，更多的私募基金以财务投资者的角色参与本土企业跨境投资，但私募基金支持也存在一定限制，例如支持企业跨国并购的时间约束，为确保收益的安全性，大多数私募基金为企业服务的时间不超过 5 年，对于部分并购风险较大的企业，私募基金一般 3 年就回收资金。因此，韩国政府设立了跨国并购超大型基金，超大型基金的设计主要以欧洲地区的并购为主，用于满足并购金额大、并购时间长的大型并购活动，随着并购基金规模的扩张，韩国国内大型企业"走出去"在资金方面得到了保障。

对于更多的中小企业跨国并购，韩国政府设计了多层次的并购基金，例如针对高科技中小企业跨国并购的技术信用保证基金、针对普通中小企业跨国并购的信用保证基金以及部分以培训咨询为主营业务的地方性信用保证财团。

三　韩国企业跨国并购金融支持的特点

（一）建立了适合中小企业"走出去"的金融支持体系。虽然美国、日本等发达国家在金融支持企业跨国并购的措施中也有侧重中小企业的措施，但韩国在金融支持中小企业"走出去"方面形成了一套较为成熟的体系。目前韩国已经组建了韩国中小企业银行、韩国信用担保基金、韩国产业银行等多家金融机构，这种专业的金融支持机构不仅保障了中小企业跨国并购的信贷投入，也在风险防范、信息咨询、商业保险等多方面为中小企业跨国并购提供帮助。另外，政策法规建设也被韩国政府纳入支持体系之中，韩国央行也针对中小企业"走出去"出台了多项支持政策，如对商业银行对中小企业贷款的比例、优惠贷款利率、授信总量等做了规定，并将各商业银行对中小企业的支持力度纳入商业银行考核指标。

（二）"一对一"的金融配套服务。韩国商业银行在服务本国企业海外投资过程中采取"一对一"的配套服务战略，根据不同的服务对象订制相应的服务方案，例如在企业跨国并购的目标企业附近设立海外支行，或者根据企业海外并购的目标国的政策设计相应的金融支持方案，或者根据本国企业的并购方案、并购行业背景给予相应的信贷支持。另外，韩国进出口银行还设立了两家信息咨询机构（海外投资调查中心、海外投资洽谈中心），这两家针对企业跨国并购的信息咨询机构与全球300多家信息咨询类的企业进行信息共享，当韩国本土企业参与跨国并购时为其提供准确、及时的专业并购信息，以及金融业务咨询、政策法规咨询等咨询类服务。

第四节　国外企业跨国并购金融支持的启示

通过前文关于美国、日本、韩国企业跨国并购金融支持的介绍，我们将三个国家在金融支持企业跨国并购方面的特点进行横向对比分析，总结归纳出三个国家在金融支持方面的共同点，通过这些成功经验的共性来寻求有益启示，从而使我国的金融机构更好地支持企业

"走出去"。

一 国外企业跨国并购金融支持的对比分析

结合前文分析以及美、日、韩三国重点企业跨国并购的案例，我们在政策性金融支持、商业银行金融支持、非银金融支持等多个金融支持层面进行横向对比分析，具体如表8-1所示。

表8-1　　　　　　　美、日、韩企业跨国并购金融支持对比

	措施	美国	日本	韩国
政策性金融支持	政策性金融机构提供优惠贷款政策和担保政策	美国进出口银行提供开发资源贷款和对外私人直接投资贷款；OPIC为境外跨国公司提供低息长期贷款以及政治风险担保	对从事跨境投资的企业日本政府给予补贴，日本进出口银行提供的贷款利率低于市场利率	韩国进出口银行提供优惠利率贷款的额度可达企业跨境投资金额的90%
	政府设立独立管理机构	美国对外信贷保险协会 美国中小企业管理局	海外事业调整委员会 日本国际发展组织	韩国中小企业银行 韩国信用担保基金
商业银行金融支持	重点对中小企业进行支持	美国部分商业银行对参与跨境并购的中小企业提供对外直接投资融资、信息咨询、对外投资保险	日本部分商业银行为中小企业提供了并购融资、并购咨询、并购投资的全流程金融服务	韩国部分商业银行推出中小企业跨境投资优惠贷款、绿色产业特殊贷款等信贷产品

	措施	美国	日本	韩国
非银金融支持	设立跨国并购信息咨询机构	美国海外私人投资公司	日本海外投资研究所 亚洲经济研究所	海外投资调查中心 海外投资洽谈中心
	建立跨国并购保险体系	建立海外投资保证制度 成立美国对外信贷保险协会	建立海外投资保证制度	建立境外投资保险制度
	成立跨国并购基金	KKR 基金 黑石集团、凯雷集团设立全球最大的私募股权并购基金	日本海外经济协力基金、日本特别基金、公私合营投资基金	跨国并购超大型基金 KIC 海外并购基金 EI 基金

从表8-1可以发现，美国、日本、韩国在金融支持企业跨国并购方面的措施有许多相似之处，例如在信贷支持和担保方面都给予特殊的优惠政策，尤其在中小企业的金融支持方面给予政策倾斜；另外无论是发达国家还是新兴工业化国家都非常重视非银金融支持在企业跨国并购过程中的作用，美、日、韩三国都设立了专门的跨国并购信息咨询机构，并且通过跨国并购基金进行市场化运作。

二　有益启示

第一，应充分发挥政府的牵头协调作用。通过前文的分析我们不难看出，美国、日本、韩国在金融支持企业"走出去"过程中，政府都发挥着积极作用，从企业跨国并购的政策法规的制定、独立的管理机构的设立，到跨境投资保险体系的建设，都是本国政府在发挥宏观调控的角色。因此，我国政府应积极完善相关法律法规，出台更加优惠的金融支持政策，尤其是针对中小企业、民营企业跨国并购的优惠贷款政策。另外，政府应牵头协调政策性金融机构、商业银行、非银行金融机构以及民间资本的有序整合，打造多层次的企业跨国并购金融支持体系。

第二，进一步完善政策性金融支持体系。结合本章的研究，无论是发达国家还是新兴工业化国家，各国的政策性金融机构不仅种类多，而且各个机构在支持企业跨国并购方面都有各自的特色优势，例如美国的美国进出口银行、美国对外信贷保险协会、美国中小企业管理局、美国海外私人投资公司，日本的日本进出口银行、日本发展银行、日本国际协力银行，韩国的韩国进出口银行、韩国中小企业银行、韩国信用担保基金等。这些国家的各个政策性金融机构不但实力均衡，而且在金融产品和金融服务方面形成优势互补、有机结合。目前我国的政策性金融机构在支持企业跨国并购过程中，过多的依靠国家开发银行的金融支持，应进一步发挥中国进出口银行、中国出口信用保险公司的特色优势，形成政策性金融支持体系。

第三，加大对企业跨国并购的信息咨询服务。从上节各国的横向对比分析可以看出，美国、日本、韩国均设立了跨国并购的信息咨询机构，目前我国企业"走出去"的信息咨询业务主要依靠德勤、毕马威等咨询机构，尚未成立独立的并购信息咨询中心，下一步应重点加大对企业跨国并购的信息咨询服务，协调政策性金融机构和商业性金融机构的信息资源优势，建立跨国并购信息库；各商业银行也可依托全球分支机构设立相关的跨国并购信息咨询部门，为企业提供并购信息搜集、并购项目分析等咨询类服务，减少企业在跨国并购中信息不对称的风险。

本书对美国、日本、韩国三个国家企业跨国并购金融支持的经验、特点进行了梳理总结，通过对比美国、日本、韩国在金融支持企业跨国并购方面的措施有许多相似之处，例如在信贷支持和担保方面都给予了特殊的优惠政策，尤其在中小企业的金融支持方面给予政策倾斜；另外无论是发达国家还是新兴工业化国家都非常重视非银金融支持在企业跨国并购过程中的作用，美、日、韩三国都设立了专门的跨国并购信息咨询机构，并且通过跨国并购基金进行市场化运作。结合这些成功的国际经验，为下一步我国在金融支持方面采取的措施进行了概括：第一，应充分发挥政府的牵头协调作用；第二，进一步完善政策性金融支持体系；第三，加大对企业跨国并购的信息咨询服务。

第九章　企业跨国并购金融支持的
政策建议

　　通过前文关于企业跨国并购金融支持的现状分析、绩效分析以及国外发达国家的经验借鉴，本章针对企业跨国并购金融支持从宏观和微观两个层面提出政策建议，宏观方面主要从政府的角度基于金融支持体系建设、企业跨国并购平台建设、跨国并购融资问题、跨国并购人才队伍建设等方面提出相关的建议措施；微观方面主要从金融机构的角度基于跨国并购金融产品创新、跨国并购风险防范、增强并购保险支持等方面提出相应的保障措施。

第一节　宏观层面

一　完善金融支持体系，加强并购平台建设

　　为了更好地实现金融对企业跨国并购的有效支持，实现各类金融机构对企业跨国并购中国有企业、民营企业以及不同行业提供适合各自对外直接投资情况的金融支持方案，完善企业跨国并购金融支持体系，打造企业跨国并购的服务平台具有重要意义。各种金融业态在企业跨国并购过程中的支持作用能否得到有效的发挥，一方面取决于我国金融外部生态环境的运营状况；另一方面取决于企业跨国并购的金融支持体系是否完善。只有当外部环境因素与内部体系建设有机结合

在一起，才能确保金融支持企业跨国并购的有较高的支持效率与力度。

首先，良好的金融外部生态环境是确保企业"走出去"的关键条件，结合企业跨国并购的情况，一个完整的金融外部生态环境包括企业并购的法制环境、金融市场环境、企业信用环境，如图9-1所示。

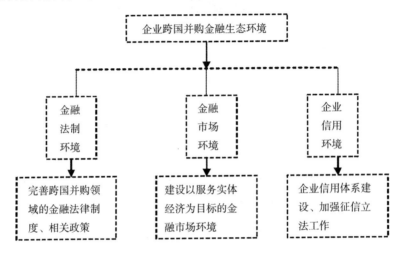

图9-1 企业跨国并购金融外部生态环境组成要素

如上图9-1所示，金融法制环境建设作为构建良好金融生态环境的重要一环，需要涉及经济领域、金融领域相关法律法规的完善，金融支持企业跨国并购的有关法律主要包括企业海外投资的法律政策、并购行业的支持政策、金融中介机构的法律规范，等等。金融市场环境建设是当前金融服务实体经济、支持企业"走出去"的必然要求，尊重金融市场发展的客观规律，抑制金融资产泡沫，鼓励金融支持实体经济发展，同时金融机构要结合并购企业需求实行互动式发展。企业信用环境建设是一项艰巨而重要的工程，随着社会征信系统的持续推进，企业诚信信用系统建设也要加快完成，这不仅有助于并购企业更好地"走出去"，对金融环境的稳定也至关重要。

其次，从金融内部环境建设来看，主要从金融服务与金融制度层面来进行加强，因此亟须加快企业跨国并购金融支持的平台建设，通过平台建设来完善金融服务平台与金融制度体系。金融服务平台作为金融支持企业跨国并购的着力点，在金融内部环境建设中具有重要地位，企业跨国并购的金融服务平台应当是多种类型的金融服务系统，既要包括以政府为主导的政策性金融服务，也包括多种金融机构为主体的商业性金融服务，两者共同为企业跨国并购提供金融服务，如图 9 - 2 所示。

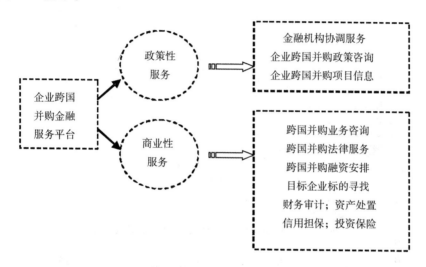

图 9 - 2 企业跨国并购金融服务平台组成要素

如图 9 - 2 所示，在企业跨国并购金融服务平台中，政策性服务以组织协调为主，可以牵头多方面的金融机构共同完成企业跨国并购的业务，同时针对出台的相关跨国并购政策提供解读、咨询等服务，另外也提供关于全球范围内的并购项目信息，有助于国内企业把握并购领域的最新资讯。商业性金融服务依托各类金融机构，不但提供跨国并购的相关业务咨询、融资安排设计、目标企业寻找等系统化、专业化的金融服务，而且在跨国并购法律咨询、财务审计、资产处置等方面给予服务。

最后，优化金融支持内部环境、打造跨国并购金融支持平台的另一个重要内容是金融制度体系的建设。金融制度体系的完善是金融服务平台顺利建设的保证，主要包括企业跨国并购金融支持相关法规、企业跨国并购金融管理制度两方面内容，两者在内容上形成交叉互补、有机结合，共同为我国企业跨国并购提供可靠的金融制度保障，其组成要素如图9－3所示。

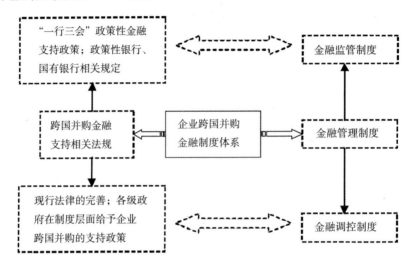

图9－3 企业跨国并购金融制度体系组成要素

如图9－3所示，金融管理制度涉及金融监管与金融调控两个层面，金融监管制度主要针对企业在跨国并购中容易出现的风险进行监控、识别，既有来自外部环境的风险，例如政治风险、法律风险（目标国法律风险、并购本国法律风险）、市场风险、社会风险（目标国与本国之间文化因素差异）、宏观经济风险（汇率风险和利率风险）；也有来自内部环境的风险，例如融资风险、信息风险、目标企业定价风险、并购决策风险、反并购风险，等等。因而通过金融监管制度的约束，进一步增强企业和金融机构应对跨国并购风险防控能力。金融调控制度主要是指在支持企业跨国并购方面，可以设计专项宏观金融政策进行重点调控，比如对中小企业"走出去"的并购贷款给予零息或低息政策、对特殊行业的境外并购实施财政补贴政策等。企业跨国并购金融制度体系的另一个组成要素是跨国并购金融支持的相关法规，该部分内容一方面是基于现有基本法律、规范性文件的补充与完善，以及国务院、省市级政府（重点是商务部门）进一步出台企业跨国并购的支持政策；另一方面是"一行三会"为金融支持企业跨境继续出台相关金融政策，同时国家开发银行、中国进出口银行等政策性银行，中国银行、中国工商银行等国有大型商业银行作为支持企业跨国并购的重要金融机构也要及时补充完善相关业务政策。

总的来看，企业跨国并购金融支持体系的完善，需要金融外部生态环境、跨国并购金融支持平台（金融服务平台、金融制度体系）之间相互作用、相互协调。通过图9-4可以直观的看出，金融外部生态环境是企业跨国并购金融支持体系的根本保障，对于金融支持企业跨国并购的活动路径都应在保持金融生态环境稳定的前提之下开展。金融服务平台与金融制度体系作为支持企业跨国并购的两大重要分支，各自在自身的支持领域内对并购企业产生影响，同时两者之间也存在内在联系，这种联系通常建立在"信息反馈"的方式上，即在支持企业"走出去"的过程中金融服务平台发现的问题或出现的漏洞会反馈到金融制度体系之中（图9-4中虚线箭头代表信息的反馈），同时，金融制度体系的监管与调控将会作用于金融服务平台，共同为企业跨国并购提供金融支持保障。

二　创新金融供给路径，拓宽企业融资渠道

企业对外直接投资过程中一个无法回避的问题是企业的融资问题，只有解决好企业的融资问题，才可以进一步解决优化金融支持的问题，结合目前企业海外并购的现状，往往有融资"难"、融资"贵"、风险高的问题。所谓融资"难"，是指跨国并购的目标企业国家是发展中国家，这些国家经济水平相对落后、金融环境欠完善，导致中资企业无法通过该国的资本市场筹集资金；所谓融资"贵"，是指部分并购企业在外资银行的贷款利率要比中资银行的贷款利率低，

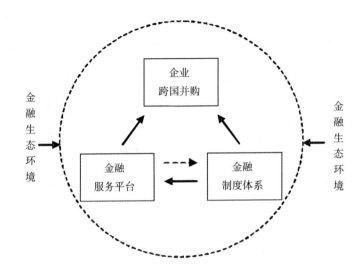

图 9 - 4   企业跨国并购金融支持体系设计图

主要原因是中资银行的外汇资金来源有限，而外资银行在涉及大额跨国并购贷款时非常谨慎，并购企业很难获得外资银行的并购贷款，被迫从中资银行贷款，从而导致融资"贵"；所谓风险高，是指跨国并购的政治风险较高，尤其是"一带一路"的沿线国家，在评级报告上显示低风险国家比率只有 6.4%①。因此，创新金融供给路径，拓宽企业跨国并购的融资渠道迫在眉睫。

目前企业跨国并购的金融供给路径主要有两大条主线：一是政策性融资；二是商业性融资，具体如图 9 - 5 所示。

结合图 9 - 5 关于企业跨国并购金融供给的路径以及当前并购企业融资现状，下一步在金融供给侧方面建议采取以下几项措施。

（一）强化企业跨国并购的政策性金融支持。政策性金融的功能定位主要是针对市场经济的薄弱环节进行扶持，而企业在跨国并购方面的商业金融支持力度比较薄弱，所以离不开政策性金融的支持，下一步要继续加大国家开发银行、中国进出口银行以及中国出口信用保

---

① 数据来源：山东"走出去"公共信息服务平台

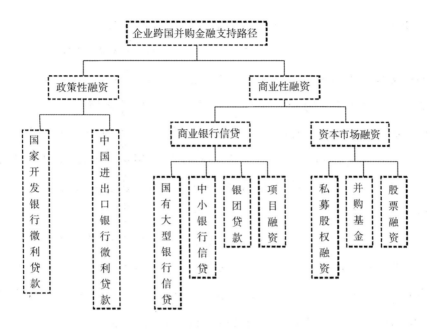

图 9 - 5　企业跨国并购金融供给路径图

险公司的金融支持力度，根据国家战略部署及时调整金融支持领域，简化业务流程，为并购企业提供一站式服务。另外，尝试建立政策性中小银行。目前政策性金融机构在支持企业跨国并购方面，主要扶持对象为大型国有企业，而对于融资渠道较窄的中小银行缺乏专门的政策金融机构，因此通过设立政策性中小银行既可以解决中小企业对外直接投资中的融资难题，还可以盘活整个行业的资金流转，通过美国、日本等发达国家的国际经验，设立专门的中小企业金融机构是解决企业融资瓶颈的重要金融供给途径。

（二）组建多元化的银行体系，推动并购基金发展。商业银行作为企业跨境并购的融资重要渠道，为国有企业和民营企业提供大量并购贷款，通常国有大型银行作为跨国并购大型项目银团贷款的牵头行，所参与的并购项目周期长、金额大，所以下一步要继续保持国有大型银行的融资主渠道作用。同时，完善中小银行金融体系建设，满足并购企业的不同需求，国有银行和地方农商行虽然网点分布多，但近年来暴露的风险问题突出，无法支持当地企业参与跨国并购项目，因此地方区域性的商业银行在支持当地企业跨国并购方面更有优势，要加大地方性商业银行对企业"走出去"的金融支持力度。另外，加快并购基金的发展速度，目前我国并购基金的运作模式为"上市公司＋PE"，这种模式的优点在于，PE机构有丰富的跨国并购操作经验以及专业的资本运作能力，上市公司可以利用并购基金采取杠杆收购，盘活企业资金，同时与PE机构之间形成优势互补，规避跨国并购的众多风险。

（三）加大金融中介机构的支持力度。金融中介机构的发展水平与金融市场的创新活跃程度有直接联系，多元化的金融中介机构对支持企业跨国并购有着极其重要的作用。政府要加大对金融中介机构发展的扶持力度，尤其对金融咨询服务机构的资金支持，同时鼓励社会智库加入金融咨询服务机构，提升金融服务能力。加强会计师事务所、财务公司、券商、资信评级等金融中介机构对企业跨国并购的智力支持力度，规范金融中介机构参与企业跨国并购的业务操作流程，鼓励多样化的金融中介业态和民间智库为并购企业提供完善的信息咨询、法律咨询、信用担保等服务措施。

三　培育专业人才队伍，破解跨国并购瓶颈

根据普华永道关于中资企业2016年最新的海外并购报告，无论在并购数量还是并购金融方面中资企业都创下了历年新高。无疑通过跨国并购中国企业获取了技术资源、海外业务渠道和品牌优势，同时也提升了国际影响力和竞争力，但中国企业在跨国并购时所面临的困境也愈发突出，根据Wind咨询和资管研究小组的研究表明，中资企业海外并购的成功率只有30%—50%，其中的原因除了跨国并购的复杂多样的风险之外，一个重要的瓶颈问题是并购专业人才的匮乏，这也是包括很多大型跨国公司在内的众多企业共同面临的难题。随着中

国经济的快速增长，企业跨国并购活动的日趋频繁，对并购专业人才的渴求也呈现出增长态势，无论是企业还是金融机构都十分重视并购人才队伍建设，结合当前并购专业人才的现状以及企业、金融部门的业务需求，主要通过以下两个方面来加强并购人才队伍建设，破解跨国并购发展瓶颈。

（一）校企结合培育并购人才队伍。高校和科研院所在教育师资方面有特色优势，企业在实践经验、业务操作方面有优势，两者结合形成优势互补，共同建设并购专业人才队伍。目前比较成功的案例有厦门大学与中国航空工业集团公司联合开设"跨国并购专业研修班"，培训业务人员的跨国并购运作能力，打造具备"高素质""懂规则"的复合型人才。除并购企业外，部分商业银行也在积极与国内外高校合作培训跨国并购人才队伍，按照 2015 年银监会颁布的《商业银行并购贷款风险管理指引》要求，商业银行中从事并购活动的人员要有三年以上的并购行业经验，而我国商业银行的专业人才多集中于传统信贷业务，对于复杂的并购贷款业务缺乏相关专业技术人才。目前部分商业银行针对这种现状定期开展境内外跨国并购业务交流培训班，支持银行业务人员去海外高校商学院学习跨境并购相关业务。

（二）培育"本土化"人才与引进"国际化"人才相集合。首先，中国企业在跨国并购人才选拔中需要有了解企业的"本土化"人员，因为"本土化"人员对于企业文化、企业运营发展有深入的了解，在并购整合期间可以较快的适应战略整合和新企业的发展运营。根据安永公司的调查报告，有近七成的中国企业跨国并购是该企业的首次海外并购，有近九成的中国企业没有在目标企业国产生过投资活动，这就说明了中资企业的跨国并购人才队伍需要有真正了解企业自身特点的"本土化"人才。然而，打造"本土化"的专业并购人才队伍并非易事，往往企业会出现并购活动发生在前，并购人才培养在后的情况。因此，要求企业培育"本土化"人才与引进"国际化"

人才相集合，引进国际化的并购人才通常可以解决"燃眉之急"，而且培训"本土化"人才在业务质量和人员数量方面难以满足企业自身要求和国际化标准，这就促使企业十分重视海外并购专业人才的引进，例如龙盛集团聘任澳洲一支国际化团队从事企业跨国并购工作，复星集团在美国、加拿大引进国际化人才来协助其并购项目顺利进行。

第二节 微观层面

一 转变并购服务方式，推进金融产品创新

目前金融机构在支持企业跨国并购过程中，服务方式较为单一，通常商业银行以提供并购贷款为主，并购后期服务工作不及时进。下一步在完善传统优势业务的基础上，商业银行应转变跨国并购服务方式，开展多元化、一站式服务，利用商业银行的平台优势、信息科技资源，加快并购类顾问业务的大力发展，除向并购企业提供融资贷款之外，在并购结构设计、财务咨询、融资方案设计等方面也要全面均衡发展。另外，要积极推进企业跨国并购相关金融产品的创新业务，针对并购业务中信贷管理可采取"投贷联动"的模式，一方面可采用"银行＋PE/VC/券商"模式为企业跨境投资提供融资渠道，例如中国银行针对某大型企业海外并购项目，可由公司金融部进行风险投资机构的推荐，投行资管部进行财务顾问、融资安排，贸易金融部进行跨国并购金融产品设计，私人银行部可为并购企业提供财富管理等，这种模式既保证了跨国并购企业全方位的业务需求，同时金融机构可以获得咨询费、托管费、募资服务费等中间业务收入。另一方面可采用"银行＋投资子公司"的模式进行企业跨境并购的业务操作，由于国有大型银行在海外分支机构较多，其控股公司也在重要国家有战略布局，境外并购企业在获得商业银行并购贷款的同时，境外控股子公司

可获得并购企业部分股权，并购企业也可以将控股子公司的股权质押获得更多额度的贷款。除商业银行进行并购产品创新外，非银行类金融机构也应需求业务创新与突破，例如信托机构在设计并购类信托产品时由于产品自身的融资成本较高，同时按照要求信托产品属于刚性兑付，这就使得企业跨国并购的融资成本加大，因此可以尝试根据跨国并购风险大小不同安排不同成本的信托产品，当并购风险较小时可以申请融资成本较低的信托资金，当并购风险较大时可以申请融资成本较高的信托资金。这样可以更好的拓宽企业的融资选择渠道，降低融资成本。

二　警惕企业杠杆收购，防范各类并购风险

随着中资企业海外并购热潮的兴起，所带来的金融风险也逐渐集聚。杠杆收购是指以目标企业的资产和未来的现金流为抵押担保对象，进行外部融资从而完成对目标企业的收购。杠杆收购这种方式本身可以为企业盘活资金，提高资源的配置效率。杠杆收购在我国发展相对较晚，但部分企业过度使用杠杆工具，导致出现杠杆收购连环套的多米诺风险，给金融市场的稳定带来了冲击。因此，金融机构在审核企业跨国并购业务时，对杠杆收购的企业的杠杆率进行审慎调查，避免出现资金链断裂的情况。另外从参与企业跨国并购的金融机构角度来看，防范各类并购风险任务依然艰巨，按照跨国并购风险的来源大致可以划分为三个方面，一是来自企业层面，即并购双方企业的并购贷款质量的不确定性即并购贷款风险，并购贷款风险涉及并购贷款资金量巨大，而且贷款期限一般要持续 5 年左右，在 5 年的并购整合期内，商业银行很难对抵押担保的股权做出精确的预测和研判，多种因素大大增加了并购贷款的信用风险。因此从金融机构的角度来看，并购贷款的审查涉及并购双方企业的信用资质、并购行业所处的整体行业背景、被并购企业的股权机构、被并购企业的资产价格认定等多

方面内容，控制并购贷款风险也成为金融机构在参与跨国并购过程中面临的最大风险；二是来自于国际投资环境，即被并购企业所在的海外市场环境的不确定性即并购市场风险，主要包括目标企业所在国家的国别风险，受全球经济市场影响以及目标国的宏观经济政策影响的汇率风险、利率风险，以及资金过境风险；三是来自于金融机构自身，即从事跨国并购业务工作人员的操作风险，主要包括：硬件技术风险，即由于金融机构硬件设备问题或者系统技术问题给金融机构带来的风险；操作结算风险，即工作人员在业务操作流程出现数据录入错误、相关文件遗漏等导致业务交易失败的风险；内部欺诈风险，即单位内部人员利用职务便利参与欺诈或者窃取资产、机密文件等违法行为给金融机构带来的损失。由此看来，金融机构必须建立跨国并购风险防控机制，对重点行业（"两高一剩"）的跨国并购要严格审批，增强应对突发性风险的处理能力，同时加强机构人员自身队伍风险防控能力的培训，维护金融生态环境的稳定运行。

三 完善并购保险种类，增强保险支持力度

目前参与企业跨国并购金融支持的保险机构主要是中国出口信用保险公司，作为唯一一家政策性保险公司，往往因政策垄断和缺乏竞争性的原因在跨国并购支持方面力度较薄弱，所涉及的并购保险种类较少，覆盖范围也较窄，这无疑与快速增长的海外并购规模不相适应。因此，下一步应完善并购保险种类，鼓励更多的保险机构参与企业跨国并购之中，增强保险支持力度，建议采取以下几个方面的措施。

第一，推广新兴保险工具的使用范围。伴随近几年中国跨境并购的快速发展，一种新兴的保险工具——并购交易风险保险已经在海外投资中彰显重要作用。并购交易风险保险不仅为企业避免了并购交易的风险，还对交易中违约行为提供了风险保障。并购交易风险保险涵

盖多项险种，包括并购交易保障与赔偿保险、税收补偿保险、环境保险解决方案、责任诉讼解决方案等，可以针对不同并购企业的需求提供合适的保险种类。所以，加强并购企业的保险意识，善于运用保险工具来规避风险，是下一步企业跨国并购保险支持的重点工作。

第二，鼓励大型保险公司设立海外分支机构。建议国有大型保险机构针对跨国并购的重点目标国设立分支机构，为并购目标企业提供保险支持。另外，要改善保险公司的投资管理机制，给予海外分支机构更多的投资管理权限，可探索投资额度与项目保费贡献率挂钩的管理方式，充分激发海外分支机构参与企业并购的积极性。

第三，加大中小企业并购保险的支持力度。在金融支持企业"走出去"的过程中，商业银行已经重视对中小企业的金融支持，但在保险领域中小企业的支持力度显然不够，相比国有大型企业，更有保险需求的是参与跨国并购的中小企业，由于自身实力的薄弱，其面临的并购风险较大而又缺乏专业的保险机构支持，下一步应加大中小企业并购保险的支持力度。

结论与展望

全书通过深入分析金融支持企业跨国并购的内在机制、企业跨国并购金融支持的现状，基于 TFAHP 模型构建了跨国并购的金融支持体系，并运用分类 DEA 模型和 Metafrontier – SFA 模型对并购企业的绩效进行了测算，得出了企业的并购平均绩效与金融支持度之间的正向相关关系，并进一步研究得出政策性金融支持的企业并购平均绩效要高于商业银行支持与非银行金融机构支持的企业，另外，不同并购支付方式、不同并购交易金额的企业平均绩效也有所区别。为了进一步探究企业跨国并购金融支持的影响因素，本书采用结构方程模型（SEM）对影响因素进行了实证分析，结果表明金融机构内部因素和社会环境因素对企业跨国并购的金融支持水平均有正向的显著影响，且社会环境因素的影响程度更大。全文最后在总结国际成功的并购金融支持经验的同时，针对论文研究结果从宏观和微观层面提出了相关的政策建议。

尽管本书对企业跨国并购金融支持作了一系列的理论研究和实证分析，但仍然有许多内容需要进一步探究。

（1）受调研能力的限制，本书只是针对鲁、苏、浙三省企业跨国并购金融支持作了一定研究，后续的研究工作可以扩展至更广泛的区域甚至是全国范围。

（2）关于跨国并购金融支持体系指标层的设计以及金融支持影响

因素的指标设计，本书研究的层面有限，随着金融市场的快速发展，后续关于企业跨国并购金融支持的研究可以覆盖更多的指标因素。

（3）本书研究的范围有限，未能对并购风险进行深入研究，下一步的研究工作可以对企业跨国并购金融支持的风险问题进行详细探讨。

附　　录

附录 A　样本企业

样本企业	行业类别	目 标 企 业	并购时间（年）
海尔集团	家电	美国 GE 子公司	2008
潍柴动力	机械	法国博杜安公司	2009
苏宁云商	家电	香港镭射电器公司	2009
海尔集团	家电	新西兰 Fisher & Paykel Appliances	2009
宁波韵升	工业	日兴电机工业株式会社 79.13% 股权	2009
史丹利	化学化工	美国百得公司	2009
兖州煤业	能源	澳大利亚菲利克斯公司	2009
恒顺醋业	食品	新加坡 JHS 控股有限公司 49% 股权	2010
如意集团	服装纺织	日本 RENOWN 公司	2010
维科精华	材料	日本维科株式会社 66.7% 股权	2010
奥康国际	服饰	万利威德公司在大中华区的所有权	2010
海尔集团	家电	新西兰 Fisher & Paykel Appliances	2011
兖州煤业	能源	澳大利亚新泰克控股公司	2011

样本企业	行业类别	目　标　企　业	并购时间（年）
中鲁远洋	渔业	巴拿马 SUN PANAMA SHIPPING S. A.	2011
山东黄金	工业	巴西捷豹矿业公司	2011
山东钢铁	工业	非洲矿业塞拉利昂铁矿	2011
浪潮集团	IT	德国奇梦达集团	2011
海尔集团	家电	日本三洋机电	2011
宁波滕头集团	工业	卡洛堡酒庄股权	2011
浙江莲花汽车	汽车制造	萨博汽车及 Saab 所有股份	2011
巨石集团	化工	Faithrich Enterprises 100% 股权	2011
卧龙投资	金融	艾泰克工业资产	2011
支付宝	互联网	安卡支付股权	2011
阿里巴巴集团	互联网	雅虎股权	2011
徐工机械	机械	德国施维英多数股权	2012
帝普矿投	能源	美国 Treasure Port International Limited100% 股权	2012
潍柴动力	机械	意大利法拉帝集团	2012
和晶科技	科技	泰国泰盈科技 99.9998% 股权	2012
海信电器	家电	加拿大软件开发团队	2012
孚日股份	工业	德国博世太阳能公司	2012
潍柴动力	机械	德国凯傲集团	2012
江山股份	医药	泰国 LADDA 集团 90% 股权	2012
阿里巴巴集团	互联网	阿里巴巴集团 20% 股权	2012
盾安环境	工业	Microstaq, Inc. 资产	2012

续表

样本企业	行业类别	目标企业	并购时间（年）
阿里巴巴集团	互联网	Hulu LLC. 股权	2012
阿里巴巴集团	互联网	视频网站 Hulu LLC. 股权	2012
阿里巴巴集团	互联网	美国天气频道股权	2012
阿里巴巴集团	互联网	旅游网站 TripAdvisor 股权	2012
青年汽车	汽车制造	萨博汽车 100% 股权	2012
恒立数控	工业	SUMIKURA 株式会社所有股权和资产	2012
浙江龙盛	化工	德司达控股 62.43% 股权	2012
聚光科技	科技	Bohnen Beheer 75% 股权	2012
青年汽车	汽车制造	德国威盛巴士 74.9% 股权	2012
万向集团	工业	A123 Systems 80% 股权	2012
青年汽车	汽车制造	世爵 29.9% 股权	2012
新华医疗	医疗	香港威士达公司	2013
齐星铁塔	机械	南非金矿公司	2013
中材国际	工业	印度 LNVT 68% 股权	2013
豪迈科技	机械	美国 GM 公司	2013
吉利控股	汽车制造	锰铜控股 80.03% 股权	2013
开元旅业	旅游	金郁金香酒店 100% 股权	2013
中瑞思创	科技	Comercial GL 51% 股权	2013
宁波华翔	电子	德国 HIB Trim Part Group 全部股权	2013
美盛文化	传媒	Agenturen en Handelsmij Scheepers 85% 股权	2013
天邦股份	生物科技	艾格菲实业 100% 股权	2013

样本企业	行业类别	目 标 企 业	并购时间（年）
泰格医药	医药	BDM 55% 股权	2013
先锋新材	材料	Kresta 12.84% 股权	2013
海陆重工	工业	瑞士 Raschka 51% 股权	2013
海润光伏	工业	意大利 GAPS 100% 股权	2013
宝利沥青	能源	加拿大安泰瑞能源 17.4% 股权	2013
中材国际	工业	德国 Hazemag 59.09% 股权	2013
宝莫股份	化学化工	加拿大 Rally Canada Resources Ltd.	2014
亚星化学	化学化工	美国 TR 公司	2014
歌尔声学	IT	丹麦 Dynaudio 公司	2014
恒顺电气	工业	印尼 Madani 公司	2014
软控股份	材料	美国 TMSI 公司	2014
赛轮股份	材料	加拿大福锐特橡胶公司	2014
杰瑞股份	能源	加拿大西山公司	2014
赛轮股份	材料	英国 KRT 集团	2014
东山精密	材料	Mutto Optronics 100% 股权及 12 项专利资产	2014
海润光伏	能源	英国太阳能电站项目公司 100% 股权	2014
天顺风能	能源	丹麦埃斯比约的工业产品表面处理工厂	2014
南京新百	百货	英国 Highland Group 89% 股权	2014
凤凰传媒	出版	芝加哥童书业务资产及其海外子公司 100% 股权	2014
沪电股份	能源	新加坡 Schweizer 4.5% 股权	2014

续表

样本企业	行业类别	目标企业	并购时间（年）
安洁科技	科技	新加坡 Supernova Holdings Pte. Ltd. 100% 股权	2014
恒立油缸	工业	德国 WACO 公司 51% 股权	2014
星宇股份	材料	奥地利 neue I&T 公司 70% 股权	2014
云锋基金	金融	中信 21 世纪 54.3% 股权	2014
万向集团	工业	菲斯科 100% 股权	2014
慈星股份	机械	文泰凯捷 100% 股权	2014
华谊兄弟	娱乐	Studio 8 股权	2014
先锋新材	材料	KRS 公司 1.03% 股权	2014
均胜电子	电气	Innoventis 100% 股权	2014
先锋新材	材料	KRS 公司 3.12% 股权	2014
泰格医药	医药	方达医药 69.84% 股权	2014
日发精机	工业	MCM 公司 80% 股权	2014
先锋新材	材料	KRS 65.5% 股权	2014
雅戈尔	服饰	中信泰富 1.55% 股权	2014
均胜电子	电气	IMA Automation 100% 股权和相关知识产权	2014
华谊兄弟	娱乐	Studio 8 部分股权	2014
日发精机	工业	MCM 公司 80% 股权	2014
阿里巴巴集团	互联网	Kabam 股权	2014
阿里巴巴集团	互联网	SnapChat 股权	2014
天邦股份	生物科技	法国 CG40.69% 股权	2014

样本企业	行业类别	目 标 企 业	并购时间（年）
宁波华翔	工业	德国 Alterprodia 公司 75% 股权	2014
天马股份	工业	BALFOUR DOWNS STATION 牧场的全部有效资产；WANDANYA STA-TION 牧场的全部有效资产	2014
华谊兄弟	娱乐	GDC 公司 79% 股权	2014
华策影视	娱乐	NEW 15% 股权	2014
美都能源	能源	位于美国德州的油田区块	2014

数据来源：Wind 数据库、中国企业跨国并购数据库、江苏省商务厅网站、山东省商务厅网站、浙江省商务厅网站

附录 B　调查问卷

尊敬的专家：

您好！非常感谢您能在百忙之中抽出时间来参与我们的问卷调查，为了研究企业跨国并购金融支持的情况，我们设计此调查问卷，调查问卷所获取的一切信息仅供学术研究之用，同时我们承诺对有关信息进行保密，衷心希望您能够给予我们的科研工作支持与帮助！

再次感谢您的参与，谢谢！

个人信息

姓名		工作单位	
专业领域		联系电话	
职务与职称		电子邮箱	

企业背景材料与相关指标设定已随问卷附上，请您审阅后在下表"企业性质"，"评分"处用"√"标注即可：

企业名称					
企业性质	国有企业			民营企业	
金融支持方式	评　分				
政策性金融支持	1	2	3	4	5
商业银行支持	1	2	3	4	5
非银行金融机构支持	1	2	3	4	5

附录 C　调查问卷

尊敬的专家：

　　您好！非常感谢您能在百忙之中抽出时间来参与我们的问卷调查，为了研究企业跨国并购金融支持的影响因素，我们设计此调查问卷，调查问卷所获取的一切信息仅供学术研究之用，同时我们承诺对有关信息进行保密，衷心希望您能够给予我们的科研工作支持与帮助！

　　再次感谢您的参与，谢谢！

个人信息

姓名		工作单位	
专业领域		联系电话	
职务与职称		电子邮箱	

　　您只需在"评分"处用"√"标注即可：

序号	评价指标	评　分				
金融机构内部因素（共9个选项）						
1	金融机构管理层对企业跨国并购的认知程度	1	2	3	4	5

序号	评价指标	评分				
2	金融机构管理层对企业跨国并购项目的了解程度	1	2	3	4	5
3	金融机构跨国并购项目团队组织建设	1	2	3	4	5
4	金融机构跨国并购项目团队新兴业务适应性	1	2	3	4	5
5	金融机构跨国并购项目团队负责人经验和能力	1	2	3	4	5
6	金融机构跨国并购项目团队成员综合素质	1	2	3	4	5
7	金融机构跨国并购项目资金流向监控	1	2	3	4	5
8	金融机构跨国并购项目修正机制	1	2	3	4	5
9	金融机构跨国并购项目退出机制	1	2	3	4	5

社会环境因素（共 8 个选项）

1	跨国并购支持政策	1	2	3	4	5
2	金融机构网点布局	1	2	3	4	5
3	信息服务平台	1	2	3	4	5
4	金融机构与并购企业协同机制	1	2	3	4	5
5	政府与金融机构协同机制	1	2	3	4	5
6	金融中介服务机构	1	2	3	4	5
7	咨询与服务机构	1	2	3	4	5
8	社会征信制度	1	2	3	4	5

企业跨国并购金融支持的水平（共 8 个选项）

1	抵押方式创新能力	1	2	3	4	5
2	担保方式创新能力	1	2	3	4	5
3	金融机构对企业跨国并购项目贷款发放情况	1	2	3	4	5

序号	评价指标	评分				
4	金融业务创新能力	1	2	3	4	5
5	金融服务效率的提升能力	1	2	3	4	5
6	保持目标一致能力	1	2	3	4	5
7	对金融支持企业跨国并购的鼓励制度	1	2	3	4	5
8	金融机构对企业跨国并购的长效机制	1	2	3	4	5

附录 D　调查问卷样本分布表

属性	类别	人数	百分比（%）
性别	男	131	52.6
	女	118	47.4
年龄	20—30 岁	11	4.5
	31—40 岁	55	22.1
	41—50 岁	120	48.2
	50 岁以上	63	25.2
学历	本科	124	49.6
	硕士	105	42.2
	博士	20	8.2
职务	一般职员	25	10.3
	基层管理者	59	23.7
	中层管理者	87	34.9
	高层管理者	78	31.1

属性	类别	人数	百分比（%）
单位类型	政府部门	55	21.9
	国有银行	72	28.8
	股份制银行	51	20.4
	证券公司	44	17.5
	其他金融机构	27	11.4

参考文献

1. 郭杰、黄宝东：《储蓄、公司治理、金融结构与对外直接投资：基于跨国比较的实证研究》，《金融研究》2010 年第 2 期。

2. 常玉春：《我国企业对外投资绩效的动态特征——以国有大型企业为例的实证分析》，《财贸经济》2011 年第 2 期。

3. 宋宝：《企业跨国并购融资支付方式分析——以联想、TCL 跨国并购案为例》，《财会通讯》2009 年第 7 期。

4. 戴蕾、王非：《我国对外直接投资的影响因素——基于省级面板数据的经验研究》，《经济论坛》2010 年第 11 期。

5. 王伟、孙大超、杨娇辉：《金融发展是否能够促进海外直接投资——基于面板分位数的经验分析》，《国际贸易问题》2013 年第 9 期。

6. 官建成、王晓静：《中国对外投资决定因素研究》，《中国软科学》2007 年第 2 期。

7. 黄凌云、徐磊、冉茂盛：《金融发展、外商直接投资与技术进步——基于中国省际面板数据的门槛模型分析，《管理工程学报》2009 年第 3 期。

8. 郭苏文、黄汉民：《我国对外贸易差异化发展的制度质量解释——基于省际面板的分析》，《中南财经政法大学学报》2011 年第 1 期。

9. 裴长洪、郑文：《国家特定优势：国际投资理论的补充解释》，《经济研究》2011 年第 11 期。

10. 严明：《海外投资金融支持：以中国企业为对象》，社会科学文献出版社 2006 年版，第 15—22 页。

11. 宋维佳：《资源型企业海外并购的绩效与风险研究》，《财经问题研究》2011 年第 11 期。

12. 李梅：《我国上市公司跨国并购绩效的实证研究》，《技术经济》2009 年第 12 期。

13. 白钦先、徐爱田、欧建雄：《进出口政策性金融对中小企业支持的国际比较》，《国际贸易问题》2003 年第 1 期。

14. 黄人杰：《对实施"走出去"战略的政策性金融支持体系研究》，《国际贸易》2008 年第 7 期。

15. 曲昭光：《各国政策性金融机构比较》，中国金融出版社 1999 年版，第 142—149 页。

16. 陈岩、闫飞：《中国对外直接投资动因、制度调节与地区差异》，《管理科学》2012 年第 6 期。

17. 马利灵、钟昌板：《中国对非洲投资决定因素：整合资源与制度视角的经验分析》，《世界经济》2012 年第 10 期。

18. 喻珊：《基于金融所有权优势的中国企业海外并购金融支持理论探析》，《商业时代》2011 年第 11 期。

19. 董伟：《中国企业对外并购短期财富绩效损益实证研究》，《财经理论与实践》2010 年第 9 期。

20. 张乾坤、王泽霞：《中国民营企业集团跨国并购融资创新模式》，《技术经济》2012 年第 9 期。

21. 李辉：《发展中国家对外直接投资决定因素研究——加入金融因素后的 IDP 理论与实证分析》，中国人民大学出版社 2008 年版，第 211—232 页。

22. 林治洪、陈岩、秦学志:《中国对外投资决定因素——基于整合资源观与制度视角的实证分析》,《管理世界》2012 年第 8 期。

23. 李青原、赵奇伟:《外商直接投资、金融发展与地区资本配置效率——来自省级工业行业数据的证据》,《金融研究》2010 年第 3 期。

24. 沈军、包小玲:《中国对非洲直接投资的影响因素——基于金融发展与国家风险因素的实证研究》,《国际金融研究》2013 年第 9 期。

25. 宿玉海、王韧 .:《基于分类 DEA 模型的企业跨国并购金融支持绩效分析》,《东岳论丛》2016 年第 7 期。

26. 冉光和、李敬、万丽娟:《中国企业对外直接投资动机与绩效评价体系研究》,《世界经济研究》2006 年第 7 期。

27. 于超、葛和平、曹家和:《中国对外直接投资决定因素的理论分析与实证检验》,《学术论坛》2011 年第 6 期。

28. 陈恩、王方方:《中国对外直接投资影响因素的实证分析——基于 2007—2009 年国际面板数据的考察》,《商业经济与管理》2011 年第 8 期。

29. 钟祖昌:《研发创新 SBM 效率的国际比较研究——基于 OECD 国家和中国的实证分析》,《财经研究》2011 年第 9 期。

30. 骆品亮、向盛斌:《R&D 的外部性及其内部化机制研究》,《科研管理》2001 年第 5 期。

31. 陈伟、赵富洋:《企业自主创新能力评价指标体系研究及 DEA 综合评价模型构建》,《科技管理研究》2008 年第 10 期。

32. 吕玉辉:《技术创新生态系统的要素模型与演化》,《技术经济与管理研究》2011 年第 9 期。

33. 钟娟、张庆亮:《金融市场发展对中国 FDI 技术溢出效应的影响及其门槛效应检验》,《财贸研究》2010 年第 10 期。

34. 董锋、谭清美、周德群、朱佳翔:《基于因子分析的企业自主创新能力评价》,《软科学》2008 年第 11 期。

35. 沙虎居:《论产业结构调整中的金融支持——以浙江为例》,《求索》2012 年第 9 期。

36. 蔡红艳、阎庆民：《产业结构调整与金融发展——来自中国的跨行业调查研究》，《管理世界》2012 年第 10 期。

37. 简兆权、陈健宏：《公共科技创新平台运行机制研究：广东地区个案》，《科学管理研究》2012 年第 3 期。

38. 邓平、戴胜利：《促进节能减排的金融支持体系研究》，《武汉理工大学学报》2010 年第 4 期。

39. 郭春风、邓平：《中部地区工业转型升级的金融支持体系研究》，《海南金融》2012 年第 9 期。

40. 李心丹、朱洪亮、张兵：《基于 DEA 的上市公司并购效率研究》，《经济研究》2003 年第 10 期。

41. 熊湘辉：《中国新型城镇化过程中的金融支持影响研究》，《数量经济技术经济研究》2015 年第 6 期。

42. 刘仁伍：《区域金融结构和金融发展理论与实证研究》，经济管理出版社 2002 年版，第 23 - 27 页。

43. 郭克莎：《外商直接投资对我国产业结构的影响研究》，《管理世界》2002 年第 2 期。

44. 张玉喜：《产业政策的金融支持体系研究》，《管理评论》2007 年第 5 期。

45. 郑方贤、杨科威：《基于非参数数据包络分析的参数生产函数估计模型究》，《统计研究》2004 年第 3 期。

46. 徐枫、李云龙：《金融支持光伏产业发展的路径与效率研究》，《北京理工大学学报》2015 年第 3 期。

47. 潘世明：《外资并购的长期绩效研究：基于 DEA 的实证分析》，《经济问题》2010 年第 11 期。

48. 蓝虹、穆争社：《中国农村信用社改革后的绩效评价及提升方向——基于三阶段 DEA 模型 BCC 分析法的实证研究》，《金融研究》2014

年第 4 期。

49. 刘满凤、李圣宏：《基于三阶段 DEA 模型的我国高新技术区开放创新效率研究》，《管理评论》2016 年第 1 期。

50. 朱楠、谭德斌：《我国财务公司资金使用效率、动态变化及影响因素研究——基于 DEA 方法的实证分析》，《金融研究》2015 年第 1 期。

51. 李春好、苏航：《基于理想决策单元参照求解策略的 DEA 交叉效率评价模型》，《中国管理科学》2015 年第 3 期。

52. 熊婵：《基于 DEA 方法的中国高科技创业企业运营效率研究》，《管理科学》2014 年第 3 期。

53. 郭淑芬、郝言慧：《文化产业上市公司绩效评价——基于超效率 DEA 和 Malmquist 指数》，《经济问题》2014 年第 2 期。

54. 胡达沙、李杨：《我国环境效率评价及其影响因素的区域差异》，《财经科学》2012 年第 4 期。

55. 马军路、陈科：《基于 SFA 方法的亚洲新兴市场经济体银行并购效率研究》，《财经理论与实践》2008 年第 3 期。

56. 李善民、史欣向：《关联并购是否会损害企业绩效？——基于 DEA - SFA 二次相对效益模型的研究》，《金融经济学研究》2013 年第 5 期。

57. AlonT.， "InstitutionalAnalysisand the DeterminantsofChineseFDI"，Multinational Business Review，Vol. 18，No. 3，2010.

58. Ricardo J.， "An Equilibrium Model of Global Imbalancesand Low Interest Rates"．The American Economic Review，Vol. 98，No. 3，2008.

59. Angwin， "M&A Across European Borders：NationalPerspectives on Pre - acquisition Due Diligence and the use of Professionaladvisers"，Journal of World Business，Vol. 36，No. 1，2011.

60. CorreaR.， "Cross - border BankAcquisitions：Is There a Performance Effect?"，Journal of Financial Services Research，Vol. 36，No. 2，2012.

61. Bertrand, "Performanceof Domestic and Cross – border Acquisitions: EmpiricalEvidencefrom Russian Acquirers", Journal ofComparative Economics, Vol. 40, No. 3, 2012.

62. Bessler W. , "The Stock Market Reaction to Cross – border Acquisitionsof Financial Services Firms: An Analysis of Canadian Banks", Journal ofInternational Financial Markets, Institutions and Money, Vol. 12, No. 4, 2002.

63. Kusewitt J. B. , "An Exploratory Study of Strategic Acquisition Factors Relating to Performance", Strategic Management Journal, Vol. 6, No. 2, 2015.

64. Schuler, "Issuesand Activities in Mergers and Acquisitions", European management Journal, Vol. 19, No. 3, 2001.

65. Zhu, "PersistentPerformance and Interaction Effects in Sequential Cross – border Mergers and Acquisitions", Journal of Multinational Financial-Management, Vol. 21, No. 1, 2011.

66. Markides, "International Acquisitions: Do They Create Value for Shareholders?", European Management Journal, Vol. 16, No. 2, 2008.

67. Giovanni, "WhatDrives Capital Flows? The Case of Cross – border M&A ActivityandFinancialDeepening", JournalofInternational Economics, Vol. 65, No. 6, 2005.

68. Mirela Nicolov, "Modelling European Public Finance and Support for RDI Sector", European Business Review: Procedia Economics and Finance, Vol. 3, No. 1, 2010.

后　记

　　本书是根据我博士论文修改完善而成，如今能够出版，首先感谢我所在的单位山东社科院的全力支持，感谢山东社科院财政金融研究所和科研处各位专家领导，是你们的提携后学情怀让本书能够顺利付梓。

　　博士求学之路是比较辛苦的，但我认为对于科研工作者而言，只有经过读博士，才可以不断地深化对知识的理解，深化知识运用的能力，学会全力以赴，学会在黑暗中摸索，最终学会独立，尤其是精神的独立。这些收获都不能在轻松愉快的过程中得以实现，必然伴随着痛苦、彷徨甚至恐惧，只有战胜了这些心理上的不适应，乃至挑战身体的极限，才能够到达彼岸。因此，感谢读博期间给予我无私帮助的山东财经大学金融学院宿玉海导师，以及山东财经大学科研处处长葛永波教授、山东财经大学金融学院沈丽教授等多位博导给予我辛勤指导。

　　特别要感谢我的父母和家人，在我求学生涯和工作以后对我的关爱、支持、鞭策、鼓励；感谢我的爱人李晓，在学习和生活中对我的关心和帮助，给予我前进的动力。

　　同时，还要感谢中国社会科学出版社，感谢本书责任编辑冯春凤主任，正是她的辛勤劳动和细致缜密的工作，减少了本书的不少讹误，在此表示衷心的感谢。

　　做科研没有一条康庄大道，也没有完全可复制的成功之路，每一个科研成功者都是在自己成长的道路上遇到无数的黑暗，在黑暗中不断摸索，穷尽各种智慧，最终得到光明的到来。此书献给所有热爱科学的人们。

王　韧

2018 年冬天于山东济南